日本女子大学叢書……15

馬場哲雄 Baba Tetsuo

近代女子高等教育機関における体育・スポーツの原風景

成瀬仁蔵の思想と日本女子大学校に原型をもとめて

翰林書房

目　次

Ⅰ章　成瀬仁蔵の体育・スポーツ観の萌芽
1　アメリカ滞在中に邂逅した体育・スポーツ ……………………………… 9
　1）渡米船上で垣間見た日本人の身体像　9
　2）アメリカの女子大学の体育・スポーツの見聞　9
　3）日記に記したアメリカの学生スポーツ　11
　4）ウェルズリー女子大学での体育・スポーツの見聞　11

2　アメリカの女子体育・スポーツ ……………………………………… 15
　1）身体観と体育教育　15
　2）女性用体育着・スポーツウェアの誕生　16
　3）バスケットボールの女子大学への導入　18
　4）体育プログラムとしてのダンス　20
　5）体育学部の設立と競技スポーツの台頭　21
　6）ウェルズリー女子大学の体育・スポーツ　22

Ⅱ章　成瀬仁蔵の体育・スポーツ観の確立
1　著書『女子教育』の解題 ………………………………………………… 27
　1）各構成の解題　30
　2）各種体操　32
　　（1）ドイツ体操、（2）スウェーデン体操、（3）デルサート式体操、（4）米国式体操
　3）クラーク説への反論　36
　4）体育の目的　38
　　（1）第一：身体の健康、（2）第二：身体の教育、（3）第三：休養
　5）体育の方法　41
　6）女子体育の振起策　42

2 麻生正蔵の体育・スポーツ観 ……………………………………… 47
   1）新島襄の体育観と同志社の体育　48
   2）麻生正蔵の体育・運動の見聞　52
   3）麻生正蔵のスポーツ実践　55
   4）新体育理念の解釈　57
   5）スポーツ対校戦の反対論　59

 3 日本女子大学校と新体育理念 ………………………………………… 66
   1）新体育の勃興と理念　66
   2）成瀬仁蔵の新体育理念　68
   3）麻生正蔵による展開　71
   4）我が国における新体育の実際　75

Ⅲ章　成瀬仁蔵の体育・スポーツ観の展開

 1 課外体育「体育会」の誕生 ……………………………………………… 81
   1）「体育会」誕生の契機　82
   2）構造と機能　84
   3）体育会の推移　88

 2 成瀬仁蔵考案の「日本式」バスケットボール ………………………… 92
   1）19世紀後半のアメリカにおける女子バスケットボール　92
   2）梅花女学校の女子バスケットボール　95
   3）当時の女子バスケットボール　98
     （1）「球入れ的」なバスケットボール
     （2）小野泉太郎の考案したバスケットボール
     （3）白井規矩郎の紹介したバスケットボール
     （4）松浦政康の紹介したバスケットボール
   4）成瀬仁蔵の教育観とバスケットボール　101

3　成瀬仁蔵の体育・スポーツ観を展開した人々 ……… 106
1）デルサート式体操の平野はま　106
2）ホッケーのフィリップス　107
3）文科（文学部）の学生のスポーツ熱を惹起した塩井正男　109
4）スポーツの推進者、松浦政康　110

4　初代体育教師、白井規矩郎 ……… 114
1）音楽教師時代　115
2）音楽教師から体育教師へ　116
3）白井規矩郎と成瀬仁蔵の初見　118
4）白井規矩郎の成瀬仁蔵への書簡　119

5　白井規矩郎の体育・スポーツ観 ……… 125
1）体操の分類からみた体育観　127
2）普通体操批判　128
3）英国式体操の評価　130

6　白井規矩郎と運動会 ……… 134
1）運動会における白井規矩郎の体操　134
2）体操の内容　138
3）白井規矩郎の著書と活用した文献　140
4）渉猟した外国文献　141

7　白井規矩郎と競技スポーツ ……… 146
1）紹介した競技スポーツ　146
　　（1）ハンド・ボール、（2）ラクロス、（3）バスケットボール、（4）テザー・ボール、（5）ベースボール、（6）サットル・コック、（7）サッフル・ボード、（8）クロック・ゴルフ
2）改良した競技スポーツ　152
3）健康に関する提言　153

8 「新しい女」平塚らいてうと日本女子大学校の体育・スポーツ ………… 157

1) 幼少時代の遊びと運動　158
    (1) 遊び、(2) 習いごと、(3) 釣り
2) お茶の水高等女学校時代の体育・スポーツとの関わり　160
    (1) 水泳、(2) 体育の授業、(3) テニス
3) 日本女子大学校時代の体育・スポーツとの関わり　162
    (1) テニス、(2) バスケットボール、(3) 自転車
4) 「新しい女」が創出された日本女子大学校の体育・スポーツ　167

Ⅰ 章
成瀬仁蔵の体育・スポーツ観の萌芽

1 アメリカ滞在中に邂逅した体育・スポーツ

1) 渡米船上で垣間見た日本人の身体像

　成瀬仁蔵は日本女子大学校を創立する11年前の明治23（1890）年に渡米し、明治26（1893）年に帰国した。[*1] アメリカへ赴く船上で垣間見た身体模様について、次のように認めている。[*2]

　　それ此行の船客は、日本人十三名、西洋人十二名、支那人十名にして、船子は合計百三十五名、内米人三十八名、支那人九十七名なりしが、米人は尤も身體肥満し、大且つ高く日本人は比較的に尤も身小さくして、且つ短く、注船病にかゝりし者も、日本人のみにして、他は平気なり、而して上等室は、建野全権公使一族を除くの外は、悉く西洋人之れを占め、下等室は支那人、日本人にて充つ（中略）此を見彼を思ひ、如何にも日本人の貧しく、身體の小さく、弱きか（殊に學生）を目撃し概嘆措くこと能はざるなり。

　日本人の虚弱性を外国人との比較の上で実際に体現した瞬間である。殊に学生がそうだったという件からすると、後に我が国で初の女子高等教育機関である日本女子大学校を創立する際に、体育の重要性を掲げた契機になった一つと思われる。

2) アメリカの女子大学の体育・スポーツの見聞

　成瀬による女性の高等教育に関する理念が満載された、明治29（1896）年2月に公刊された著書『女子教育』の第四章の「體育」の項には「附米國女子大學の體育」としてアメリカの女子大学の体育が紹介されている。[*3] それによると、成瀬が留学する十数年前の明治10（1877）年頃のアメリカの高等教育における女子体育は否定説が主流であったものの、成瀬が留学した頃に

は、その否定説は氷解し始めていた。ウェルズリー女子大学をはじめとして、殆どの女子大学には広大で美麗な体育館（成瀬は「体操場」と明記）を設置し、あらゆる運動用器具が揃えてあった。兵式体操を体育に採用していた学校もあったようだが、バーサー、スミス、ウェルズリー、ブライン・マウアー、ホリヨークなどの女子大学では、主にスウェーデン体操が、あるいは各種のスポーツが（成瀬は「競争遊戯体操」と明記）、一部ではデルサート式体操が採用されていた。これらの体操の詳細についてはⅡ章で述べることとする。

　また、それぞれの女子大学には数名の女性医師が着任しており、体育教育にアドバイスを賦与しながら衛生学、生理学、解剖学をも講義していた。「女性の体育は女性が行うべきか」に関しては、明治 30（1897）年代の後半に日本でも論議されたことだが、成瀬が見聞したアメリカでは既にそうした形態で実施されていたのである。体育教材はシーズン性種目であり、たとえば気温が上昇する 4 月以降に水泳、ボート、テニスなどが、冬季はバスケットボールが行われていた。植物学・地質学などの学習も、毎日一時間実施することが勧められており、外気にあたり、体を動かすという点で体育教育の一環とみなされていたのであろう。

　成瀬はこの「附米国女子大學の體育」の中で、日本では女性が体育を行わないばかりか、男性も大学に入ると体育は子供の求めるものであるとして回避する傾向があること、しかしアメリカでは大学生の 80％ は自主的に体育に従事していることを述べ、ウェルズリー女子大学では 1 週間に 3 時間を必修にしていることを紹介している。成瀬はその効果は 1 年半で顕著な成果が上がり、身体的なことだけにとどまらず全ての社会的行動や精神力の強化に至るまで寄与していることを報告している。興味を傾注させられる点は、ウェルズリー女子大学の卒業生の多くが卒業後も野外運動を継続して行っているとの部分である。つまり、学校での体育が生涯体育と連動しているのである。成瀬は日本女子大学校の同窓会である「桜楓会」の機関紙としてその役割を果たした『家庭週報』を通じて卒業後のケアをしている。それには健康やスポーツに関する記事が少なくなく、「ウェルズリー女子大学の影響を

感じる。彼等が如何に自動的に喜んで運動するかを見るに足れり。」と締めくくっており、成瀬が出会った体育は自主性に溢れ、歓喜に充ちたものだったことがわかる。

3）日記に記したアメリカの学生スポーツ

　成瀬は留学中に書き残した日記に、明治24(1891)年12月25日付けで「一、小児らしきこと。更に政事運動ニたづさわらず、スモーク・キャンデー 二、運動ハ、非常ニ盛ナリ。テニス、フートボール、體操、丸轉じ、バイシクル　三、獨立ノ道、學生ニして木ヲ割り或ハテーブルボウイ、商賣、何業を厭わず又賎まず熱心ニ働く。大學卒業生の如くもボウイヲする事モアリ。ノーストフキールド、又アカデミーのボウイ畫本ヲ賣リニ来ル、又其姉海草を以って押書ヲ作る。實に巧ニ出来る」（下線は馬場）と認めている。[*4] 留学中に出会ったアメリカの学生たちは、テニス、フットボール、体操、自転車に興じていたことが読み取れる。「丸轉じ」というのは、ボールを転がすスポーツと考えるとボーリング、クロケーなどが考えらえるが、とにかく熱心であったことが確認できる。これが女子学生を包含したものか否かは定かでなくても、大学スポーツが盛況であったことは事実である。また成瀬が多くのスポーツを実践したかどうか定かでないが、創立の資金調達のために自転車を利用していたこと、自転車に乗ってのボール掬いなどを学生に披露していたことなどは良く知られている。

4）ウェルズリー女子大学での体育・スポーツの見聞

　ウェルズリーの1876年〜7年の大学要覧には、誇らしげに体育館のことが紹介され、成瀬が滞在した少し後のウェルズリーの年報（1898年）にも、髪を振り乱した学生が、荒々しい競技精神でプレイした様子が報じられている。[*5] 他所で詳細に触れる女性のためのバスケットボールは1892年に考案されたというから、成瀬のアメリカ滞在と重なり、バスケットボールとの何らかの接点が持てたと考えるのは強引ではないだろう。

成瀬は「ウェレズレー女子大學觀察略記」(『女学雑誌』267号、明治24 (1891) 年5月) で、ウェルズリーを訪問した際の大学の模様を描いている。700人が学ぶキャンパスは清潔で美麗な環境であったし、教授法は講義と自修の方法を採用し、学習方針は自発、自動であったと報告している。この教授法は、後の日本女子大学校の教授法の手本となったことは良く知られたことである。学生達の知力は男性に劣らないばかりか、衛生や健康の面でも優れていた。講堂は多くの人々が入堂しても新鮮な空気が一定になるような構造であり、食事も科学的な裏づけの学理のもとに食べ物が提供されていたと報告している。ウェルズリーの問題点として、少し長い紹介になるが次にように述べている。*6

　　生徒の餘りに学事に偏し、體育を怠る事也。即ちその弊として非難すべきもの三あり、其内の二弊は、極少数にして、一般本校の風儀といふ得ざれども、其一は割合腰の小さき事なり。中には實に嘔吐を催すべき程小き者ありと見たり、是米國の習慣、遺傳等にも因する事なるが、矢張り「コーセート」の為す處ならんと察す。尤も教員等は悉く其弊を明知するが故に、之を教戒し、其多数は「コーセート」を用ゐる共、身體發育を妨る程、之結束するのものはなき由。又其二は時々學生の中に耳環を掛けたるを見ることなり。第三即ち最大の弊といふ可きものは身體運動の足らざること也。この弊は獨り女子にのみありとは謂ふ可らざれども、女子は男子の為さざる餘計の注意を身體の装飾、室房の整理抔に要し、常に心を靜かにして勉學に傾くる故三育の平均を失するは事實也と察せらる。是れ米國女子教育の改良す可き要點ならん乎。然れども女子高等教育は體育に害ありとは、余決して信ずる能はず。前述の弊は、畢竟平衡の宣を失し、一方に偏したるより生じる弊害なれば、若し之を平均せしめば、智育は却て體育を助くるは論をまたず。殊に余は六十餘名の教員の體格にも注意したるが、其多数はよく肥満し、全部十分發育したるを見、智育が女子體育を害するとは、實際はあらざるを感じたりき。尤も

六百餘名の生徒にして其身體發育を察するに、腰の外は多數は十分發育し、日本青年女子に比すれば、遥に勝りたることを覺ゆ。又余の滞在中病床にありし者は僅かに二三名なりし（下線は筆者）。

　成瀬は、コルセットの影響とも考えられる細い腰の学生がいたことやイヤリングをしている学生を発見し、それらは身体的には負の要素であり弊害と捉えていた。それらは僅少な弊害であって、それ以上に弊害になるものとしては貧弱な「身体運動」を挙げている。つまり不十分な体育教育である。当時女性が高等教育を受けること自体が問題にされており、とりわけ体育教育には理解が進展していなかったのである。知育、徳育、体育の三育のアンバランスに問題が潜み、むしろ均等化することで知育は体育を支持し、逆に体育は知育を支持すると考えさせられていたのである。具体的には知性に溢れた女性教師は肥満していたとの観察事例から体育が知性の妨げにならないと述べている訳である。その点は成瀬の主著である『女子教育』の体育論で論じられているので後述する。そこでいう肥満であった教師というのは、肥満体のことではなく、先に見た渡米の際の船上での表記もそうであったが、「貧弱でない健康体」を示唆していることは文脈から推察できる。先に見たような点や創立時にハーバード大学の医師で著名な体育学者であったD. A.サージャントをスポーツコーチとして雇用するなど、成瀬の訪問したウェルズリーでは、確かに体育が大切な教科として認識されて、体育学部の設立、カリキュラム、運動部にそれらが具象化されていたが、まだまだ女子体育の是非論が交錯する揺籃期でもあったといえよう。

◉注および引用参考文献

＊1　成瀬仁蔵著作編集委員会『成瀬仁蔵著作集　第一巻』、日本女子大学、1974、p638

＊2　同上、pp217f

*3 同上、pp137f
*4 同上、p521
*5 同上、pp221-226
*6 Allen. Guttman. *Women's Sport: A History* Columbia University Press. 1991. p116

2 アメリカの女子体育・スポーツ

1) 身体観と体育教育

　今まで論じたことは、成瀬の観察による見聞記を基幹としたものであった。つまり、成瀬というフィルターに依拠したものであった。この項では19世紀の体育・スポーツの実態を諸文献から眺めることにする。19世紀の初頭におけるアメリカの女子体育は、男性の場合は身体の強健化と統一的行動を保持するためにドイツ体操が施行されていたのに対して、女性は細いウエストと狭い肩幅の持ち主であることを善しとし、少女時代は美容体操さえ身体的に負担であると考えられていた。ようやく棒体操が用いられ、体育・スポーツの面では後進国であった。それらを示唆するエピソードとしてイギリス人をはじめとしたヨーロッパ人のアメリカ旅行記には、アメリカの女性の病弱な容姿に驚嘆する記事が散見でき、自転車乗りはイギリスではすでに市民権を獲得しつつあったが、アメリカではまだまだ自転車に乗るために着用したズボンの故に嘲笑の的であったというぐらいである。[*1] そのような状況の中でも、徐々に中上流階級の女性から女性に相応しいスポーツとして散歩、乗馬、クロケー、水泳、スケート、アーチェリーが推奨され始めていた。[*2] しかしながらそれらはあくまでも男女の出会いの場を演出する「社交としてのスポーツ」に停留するものであった。19世紀になると、アメリカ社会は産業化と共に種々の変容が見られはじめたが、とりわけ開拓期以来、保持されてきた男性像の崩壊に危惧の念が寄せられた。男性像の崩壊とは開拓期の逞しさをもった男性像であり、その男性像への回帰が模索されたのである。その矛先は青少年教育に向けられ、YMCA、ボーイスカウトなどの機関にスポーツを通して逞しい男性を形成することが期待されていた。こうして考案されたスポーツが後述するバスケットボール、バレーボールである。したがって、女性のスポーツはあくまでも社交性を主眼としており、競争性を志向する男性スポーツとはいささか趣きを異としたのである。J. G. サージは、

女性スポーツに競争性が歓迎されなかった理由として、家事や育児といった物理的制限以上に女性は競争しない従順、素直な存在であるべきとするビクトリア朝の道徳観が影響していたと指摘するが、中・上流階級の子女であった女子大生たちは、何はともあれ社交スキルであったとしてもクリケット、テニス、ボート、自転車などの競争スポーツ・身体運動の担い手になったことは事実である[*3]。[*4]

体育教育の面からみると、19世紀中葉まではドイツ体操が教材として採用されていた。弱者にはハードであったドイツ体操に対して、D.ルイスは老若男女に配慮した軽体操(Light exercise)を考案した。1861年のことである。この体操はドイツ体操の用具とは異なって取り扱いや運搬が容易であり、1878（明治11）年から20年以上に亘って日本の体育の中心となった体操、すなわち明治政府が招聘したG. A.リーランドにより紹介された「普通体操」と称された体操の原型だとされる[*5]。軽体操はそのように女性や子供への配慮を含んだ体操であったためか、ドイツ体操や医師のE.ヒチコックやサージャントが考案した体操を信奉する者たちの間では、「物足りない」とされた。バーサー女子大学をはじめとした幾つかの女子大学では採用されたものの、男性の大学を含め全面的には拡大することはなかったと言われている。

2) 女性用体育着・スポーツウェアの誕生

ルイスは体育そのものの改良のみならず、女性用体育着・スポーツウェアの改良にも関心を寄せていた。そもそも女性の衣服改良の取り組みは、断続的ではあったが医療・医学的な視点から生じたものであった。例えば、アメリカ赤十字の創始者であるC.バートンは病院患者の衣服はゆったりしたものにすべきであると推奨していた[*6]。普段着とは異なる場所や状況を考慮した衣服ということである。体育・スポーツの場面もこうした配慮がなくてはならなかった。

体育着・スポーツウェアの誕生は、体育とスポーツの本質的な相違に起因する。つまり前者の体育とは、健康とか体力づくりのための手段であり教育

的機能である。後者のスポーツは楽しみを希求するものである。当時のスポーツ（乗馬、クロケット、テニスなど）は、主に男女の出会いの場であり、社交手段のための楽しみ事であった。そうした場面での女性の性役割とは、その場を和ませ、ある種の魅力を発揮することに主眼がおかれていたのであって、必ずしも動き易いウェアが必要ではなかった。かえって女性らしさを醸し出すスカートや装飾品が施されたままの衣服で良かったのである。一方、体育では健康とか体力づくりといった成果が求められる。女性のための体育は家庭や個人的な体操場で行われ、女性だけの場、あるいは限定された人々の視線の範囲の前で行われた。つまり、女性だけの単性的行動として行われたのである。すると同性や限定された人々の前であれば、他者的な眼差しを意識する必要もなく、他者意識が絡まる社交の場では許容されなかった、動きやすい「体育着」の誕生が可能となったのである。[*7]こうして女性用の体育着、具体的には足首も露出する体育着が考案され着用されることになるのである。

　体育着の改良を実際的に見ると、エルミナ大学では床から10インチの長さのスカートとその下に着用した毛織物でできた黒いトルコ風のズロースが体育着として考案されている。フェミニズム論からすると、こうした改良された体育着は身体の自由を獲得し、父権からの解放を促進したと見做せるが、そう簡単なものではなかった。なぜならば体育場は閉鎖された空間であって、改良体育着が一般の人の目に触れることはなかったからである。そこでルイスは改良体育着そのものを公に披露するよりも、体育着に関する論文や公的な発言することで解放を迫った。つまり女性が余儀なくされている"第二の性"批判を、改良体育着をツールにして言論で江湖に訴えたのである。[*8]すなわち女性解放は体育着に見られるような具象性の発明と共に、いやそれ以上に論壇などの知性によって提訴される必要があったのである。

　19世紀後半には、女子学生も荒々しい男性的と思われた競技スポーツに関わるようになっていった。というのも当時の女子教育の促進者たちは、健康づくりと共に学習によるストレスから解放されることを競技スポーツに期

待したのである。1875年当時のスミス女子大学では、冬季は室内体操、春季と秋季は屋外スポーツに参加することを学生に求めていた。その室内体操としてはスウェーデン体操やサージャント方式体操が用いられていたが、スポーツは課業以外の、いわゆる課外体育で実施されていた。その中には野球、テニス、アイスホッケーなどの競技スポーツのほか自転車が含まれていた[*9]。またスミス女子大学では体育着のための専門デザイナーがいて、学生の父母にアドバイスを与えていた。そのアドバイスを下敷きに母親が縫い上げたり、ある時は仕立て屋に注文して体育着を作ったという。幅は80インチ、長さは足首までで、襞の付いたトルコ風のズボンがモデルデザインであったとされている[*10]。体育着が歓迎されたのは、足首までの短い衣服であっても、大学当局が「健康のための衣服」という点を強調したために、世間の批判を浴びることが緩和されたからである[*11]。なお、日本女子大学校でも1904年の第三回運動会には足首までのセーラー服型体育着を着用したバスケットボール選手が登場する。

3）バスケットボールの女子大学への導入

　成瀬仁蔵とバスケットボールについては後で詳述することにして、ここではアメリカで考案された女子バスケットボールの諸女子大学への導入について考察する。

　バスケットボールを考案したのはJ.ネイスミスという人であるが、女性が初めてバスケットボールを行ったのは、YMCAの男子学生が行っているバスケットボールを観戦していた教職員の夫人らが興味を抱き実践したというのが嚆矢であるとされる[*12]。そのバスケットボールに誰よりも甚大な関心を抱いた女性がいた。それはS.ベレンソンである。1893年にスミス女子大学の体育教師であった彼女は、女性用に改変し、やがて他の女子大学でも採用されて対校戦ができるまでに至らせた。ベレンソンはバスケットボールが他のスポーツよりも競技的精神を涵養し、細い指、小さい胸、白百合のような頬をした少女から野外に出る荒々しいタイプの女性への転換が獲得できるス

ポーツと直感していたのである。実際的に1860年代にはクロケット、1890年代には自転車が流行の兆しをみせていたが、女子バスケットボールは考案されてから10年間、全米の女性が求めたスポーツとしては他のスポーツの追随を許さない程に隆盛を誇るまでになっていったのである。A. R. スティーブンが女子バスケットボールは19世紀後半から20世紀にかけて、競技スポーツとして女性のスポーツ界をリードしただけでなく、少しずつ確立し始めた女性の権利と自由を具象化する象徴にもなった[13]、と叙述する通りである。

　なぜ、バスケットボールが女子大生を虜にしたのであろうか。実は1910年代までは体育着の誕生で取り上げたように、女子体育の授業そのものさえが少数の男性の目にしか触れなかったのであり、女子学生のバスケットボールも然りであった[14]。それは一つの大学キャンパス内に女子学生のスポーツを囲い込むということでもあった。時が経つにつれスミス女子大学の学生は、ただ単にバスケットボールという競技スポーツを楽しむだけではなくて、女性が荒々しい競技スポーツにも精神的・肉体的に耐え得ることを例証しはじめたのである。20世紀になっても、まだまだ女子スポーツによる対校戦は好ましいものと思われていなかったのだが、予測を遥かに超越した人気を得た女子バスケットボールは、一つのキャンパスから周辺へと拡張し、ついにアメリカ体育協会は対校戦に向けて統一ルールを制定することを迫られるようになった。しかもそのルール変更を推進したのが女性教師たちであったことに注目したい[15]。例えば、彼女たちは身体接触を回避する「相手の保持するボールを奪ってはならない」というルールを制定する一方で、動きを活発にするための「3秒ルール」を考案した。さらにバスケットボールにチームワークという社会性を求めたため、全員がプレイに参加できるようにとの配慮のもとに「三区分のコート」を設定して、全員の協働性を高めたのであった[16]。キャンパスだけという閉鎖的空間で実施されていたバスケットボールは、対校戦をはじめとして徐々に多くの場面で披瀝され、閉鎖視されていた女性の身体そのものが外部に開示され可視的なものとなっていったのである[17]。後で取り上げる日本女子大学校の2代目校長であった麻生正蔵は、少数のヒロ

インの誕生は教育上好ましくないとの理由で対校試合を禁止しているけれども、日本女子大学校のバスケットボールがそうであったように「三区分のコート」にしたことの中に、全員による協働性の思想を看取できる思いがする。

4) 体育プログラムとしてのダンス

　この時期のもう一つの女子体育の課題は、バスケットボールなどの競技スポーツ以外にダンスに関心が浮上しつつあったことである。当時の体育教材を占有していた体操に替わってダンスをどの程度取り込むかというものであった。その理由は新体育理念との関係が深い。つまり子供の心性を重視する開発主義体育の視座である。教師と学習者との関係で言うと、体操は教師主導で行われ易い教材である。一方ダンスは学習者の心性に配慮した自己表現性を内包する教材である。そもそも新体育とは1927年にT. D. ウッドとR. F. キャシディの著書 "New Physical Education" に見られる開発主義体育であり、その著書には理念が集大成されている。[18] 後述するが、麻生は「日本女子大学の体育は創立時から新体育であった[19]」と述べている。S. R. カーテシャンによると、19世紀から20世紀にかけてアメリカは哲学、政治、教育などにおいて新しい時代を迎えていた。その時代の思想家として、S. ホール、E. L. ソーンダイク、J. デューイ、W. H. キルパトリックなどがおり、体育界にも大きい影響を及ぼしていた。たとえば先に挙げたウッド、ギューリック、ヘザリントンがそうである。彼らはドイツ体操、スウェーデン体操などの体操に満足せず、つまりPhysical CultureとかPhysical Trainingと呼ばれた「身体の教育」から「身体を通しての教育」という新しい体育への移行を提唱したのである。[20] 先に取り上げたバスケットボールの考案者ネイスミスに対して、冬季に体育館で行える新しいスポーツを考案するように命じたのは開発主義、自然主義者のギューリックであったのである。[21] アメリカで「身体を通しての体育」である新体育が本格的に取り沙汰されるのは1920年代であったが、成瀬が『女子教育』の冒頭でホールと共にギューリックの名前を挙げ

て謝辞を述べていることや先の麻生の指摘を併せると成瀬の接したアメリカの体育は、既に新体育が萌芽していた時代と言えよう。

5) 体育学部の設立と競技スポーツの台頭

　成瀬が滞在した頃のアメリカの女子大学の体育模様は、G. K. スタンリーの "The Rise and Fall of the Sportswoman" に詳しい[22]。それに依拠して概略的にまとめると、19世紀後半、女子高等教育における体育は重要な位置を占めるようになり、さらに20世紀になると加速して、体育を重視する女性は健康と活力に満ちているとして評価されるまでになっていた。しかしながら、それらの表象は固定したものでなく変動性の高いものであった。たとえば、体育教材は体操が中心であったこともあり、20世紀初頭の女子大学における体育館は天井が高くなくても良く、身体運動が可能な空間であれば良いと考えられていた。マウント・ホリヨーク大学では本格的な体育館が建設されるまでは石灰収納のための倉庫が使用されていたし、バーサー大学でもメインホールの廊下を併用していた。なお日本女子大学校の体育館は創立から2年後の1903年には、独自の「体操場」として建設されている[23]。そもそも19世紀後半は、産業化・都市化の進展に伴って、やがて中間階層と見なされる専門的な職業が出現した時代であった。体育教師も例に漏れず、医学的・科学的知識を習得した専門家であることが要求された。そのことは次に挙げたように、多くの女子大学が独自の体育学部を設立したことで確認できる。

ウェルズリー；1881年（1876年）　　　バーサー；1883年（1865年）
ブライン・マウワー；1885年（1885年）　スミス；1887年（1875年）
マウント・ホリヨーク；1891年（1837年）

　　　　　　　　　　　　　　　　　　　（　）は大学設立年を表す

　19世紀初期には専門的体育教師は皆無であったが、その後は徐々に誕生

し、19世紀後半にはウェルズリー女子大学、コロンビア大学、シカゴ大学より体育学の学位を取得した者が多数輩出されたのであった。そうした教師は20世紀初頭まではスポーツではなく、「体操」の専門家であったことを知っておきたい。この体操の専門家の増員に、疑問を抱く人々がいた。その疑問は先に見たように19世紀後半から20世紀初頭にかけて、自由と解放を本源とするスポーツが台頭し始めたことと関連する。要するに、体操の専門家はイコール、スポーツの専門家ではなかったからである。両者のせめぎ合いはスポーツが体育教育の主流となる1920年頃まで続行することになる。

　女子大学でのスポーツ熱の発生は、スポーツが正式な体育のカリキュラムに組み込まれる以前に、学生間に自然発生的に流行したことによる。因みに、バーサー大学のスポーツ情況を見ると、ベースボールに人気が集中して7つから8つのクラブがあったこと、テニスもよく行われていたことが記録されている。因みに、日本女子大学校でも学生たちの間にスポーツが大流行し、教育的に統一する必要からスポーツクラブの組織である「体育会」が設立されたとあり、バーサー大学との類似が見られる[24]。尚、日本女子大学校の体育会に関しては次のⅡ章で取り上げる。

6）ウェルズリー女子大学の体育・スポーツ

　成瀬はウェルズリー女子大学の体育を見聞し、その印象を日記に認めている。先に披瀝した通りである。ここでは成瀬の見聞ではなく、客観的なウェルズリー女子大学の体育・スポーツから見ることにしたい。19世紀の後半に設立された多くの女子大学の体育としては、ルイスの軽体操が採用されていたが、先述したように、ルイスは軽くて身体にフィットする衣服を考案したのでウェルズリー女子大学でもそれを採用していた可能性が高い。1876年のウェルズリー女子大学の要覧によると、次のようにあることから推察できる[25]。

　　優れた健康はすぐれた学問を修めるためには絶対的要素であり、少女た

ちが不健康であるのは厳しい学習の所為ではなく、肉体の本来的法則を妨害しているからである。それらを克服するには新鮮な空気、<u>適切なドレス</u>、そして日々の充分な運動で質すことが可能である。

　また体育の成果として、胸囲が2インチ、肩幅が8インチ、背筋力が21ポンド増加したことが報告されている。[26]

　1890年代には保健や体育の授業として、無単位ながら1年生には身体訓練（Physical Training）が週3回、2年生には衛生学の1時間が提供されていた。なお、1905年からは2年生にも身体訓練が要求されている。[27] その後、1909年にはボストン普通体操学校がこの大学の一部に併合されて、A. M. ホーマンスが保健体育学部の部長として就任している。この学部はスポーツ、体操、ダンスの教授法を学ぶ学部であり、遊びとレクリエーション論、キネシオロジー、生理学の単位が取得でき、学校と社会の体育指導者を養成する大学となっていたのである。[28]

●注および引用参考文献

*1　Richard D. Mandel. *Sport Actual History* Columbia University Press. 1984. p193
*2　E. F. ジーグラー（阿部忍、飯塚鉄雄訳）『体育スポーツ哲学』、不昧堂出版、1979. p222
*3　G. H. セージ（深澤宏訳）『アメリカスポーツと社会』、不昧堂出版、1990. p120
*4　同上、p144
*5　石橋武彦、佐藤友久共著『日本の体操』、不昧堂出版、1966, p78
*6　Gayke v. Fischer *Pantaloons and Power A Nineteen Century Dress Reform in The United State* The Kent State University Press. 2001. p144
*7　ibid. p144
*8　ibid. p145

*9 Margret A. Lowe *Looking Good College Women and Body Image 1875-1930*. The Johns Hopkins University Press 2003. p48
*10 ibid. pp47-48
*11 ibid. p48
*12 水谷豊『バスケット物語』、講談社、2011、p205
*13 Steven A. Riess *The American Sporting Experience: A Historical Anthology of Sport in America* Leisure Press. 1984. p239
*14 Margret A. Lowe. op. ct. p49
*15 G. H セージ、*3、p223
*16 Steven A. Riess. op. sit. p241
*17 Margret A. Lowe. op. cit. p49
*18 T. D. Wood, R.F.Cassidy *The New Physical Education*. NY The Macmillan Company. 1927
*19 馬場哲雄「日本女子大学に導入された新体育理念に関する研究」、『日本女子大学紀要』、家政学部、第30号、1983
*20 Caul Ross. *Cartesian Dualism and Physical Education :Epistemological Incompatibility*. In Seymoyur Kleimman (ed). *Mind and Body* :East and West Human Kinetic Publishers. Inc. 1986. p15
*21 Allen Guttmann、*Games and Empires :Modern Sports and Cultural Imperialism*. Columbia University press. 1986. p98
*22 Gregory Kent Stanley. *The Rise and Fall of The Sportswoman :Women's Health Fitness and Atheletics 1860-1940*. Peter Lang. 1996. pp57-59
*23 日本女子大学、『日本女子大学学園事典』2001、p150
*24 馬場哲雄、石川悦子「日本女子大学創立初期の『体育会』に関する研究」、『日本女子大学紀要』、家政学部、第31号、1984
*25 Gregory Kent Stanleyop. cit. p49
*26 ibid. pp50-54
*27 Jean Glasscock (General Editor) *Wellesley College 1875-1975: A Century of Women*. A Certennial Publication. 1975. p138
*28 ibid. pp147-148

II 章

成瀬仁蔵の体育・スポーツ観の確立

1　著書『女子教育』の解題

　成瀬仁蔵の女子体育・スポーツ観を誘起したのは、アメリカの女子大学での体育・スポーツの実際的な見聞、識者などとの意見交換、諸文献を渉猟した結果であった。成瀬の女子体育論は、主に『女子教育』の「體育」にて論考されている。他にも成瀬はアメリカ留学中に訪問した女子大学の体育を観察しながらその邂逅を論文や日記に書き遺し、また多くの人々に注目されたと言われる運動会に関しては日本女子大学校の機関紙であった『家庭週報』に認めているが、女子体育に関する基幹的論述は『女子教育』において遭遇できるのである。その『女子教育』は日本の高等教育機関である女子大学がないことに、ある種の危惧の念を抱きつつ設立の趣意をもって書かれ、しかも広範囲に亘って展開された女子教育論の学術書であると言えよう。我が国の体育史の研究を長い間主導してきた岸野雄三は、第一級の体育研究書であると評価している[*1]。

　ところで、その書は成瀬仁蔵の単著となっているものの、実際は二代目の校長であり日本女子大学校の設立にはこの人を抜きにしては不可能であったと称される麻生正蔵との合作、つまり共著であったと言われている。しかし種々の事情で単著となったとされる[*2]。とりわけ、麻生自身が『女子教育』の「體育」は自分の手によるものであること、また世界で初めて体育を必修としたアーモスト大学を模して創られた同志社での学生時代から女子体育に関する文献を、自身が検索し動向を熟知していたと言明している[*3]。その知見は『女子教育』の第四節の「体育略史」、第五節の「欧米現行の体操法」などに反映されている。したがって、教育者となっても麻生が同志社の体育を経験・観察して女子体育論に援用した可能性は高い。ところが、第五節にある「附米國女子大學の體育」は、実地体験がないと記述できない表記が散見できる。その点では、成瀬の論文「ウェレズレー女子大學観察略記[*4]」を読むと当時の生々しい程の女子体育風景が浮上してくるのである。この「附米國女

子大學の體育」という箇所には、次のようにある。

> ウェルスレー女子大學を始め、凡ての女子大學には巍々として青空に聳ゆる所の宏大美麗なる體操場の設けてありて、萬端の器械完備せざるものなし。今日に至りては、兵式體操をも女子に課する學校あるを見る。亦盛なりといふべし。されども、大抵の女子大學、例せばバーサー、スミス、ウェルスレー、ブリンモーア、ホリヨーク、等女子大學は主として瑞典式體操及び各種の競争遊戯體操を採用す。又往々佛のデルサー式を用ふるものあり是寧ろ女子に適する所多ければなるべし。

また、「著者身幹短小、而して主して米國に遊ぶこと三星霜・・、彼土に在る間實地に觀察せし所、或いは學者に就いて質せし所、或いは讀書に於いて得たる所の材料を此處彼處より蒐集し来たり…」との表記を併合すると、ここの部分は成瀬の手によるものと想起できるのである。時系列的に思索しても、アメリカに留学したのは明治23（1890）年から明治27（1894）年であり、『女子教育』が公刊されたのは明治29（1896）年であることからすると、成瀬が持ち帰った知見、資料と共に双方の意見交換がなくしては麻生が記したとしても書き進めることはできなかったと思えるのである。

第四章の「體育」に関する論考は以下の構成になっている。

　第一節　體育と智育との関係
　第二節　女子體育の本邦に必要なる所以
　　　　　（第一）國民の體格と女子の體育、（第二）日本國民の美貌と女子の體育、（第三）家庭及び社會の幸福秩序と女子の體育
　第三節　本邦體操の改良振起の必要
　第四節　體育略史
　第五節　欧米現行の體操法
　　　　　獨乙式體操、瑞典式體操、デルサート式體操、米國式體操、附

米国女子大學の體育、
第六節　體育の目的
第一の目的　身體の健康、第二の目的　身體の教育、第三の目的　休養、
第七節　方法
第八節　本邦女子體育の振起策
（第一）日本體育學を興すべし、（第二）體育教師養成所を設くべし、（第三）美麗の標準を變更すべし、（第四）早婚の弊を矯正すべし、

　先述した麻生が論述した箇所は、第四節の体育の歴史を展開した「體育略史」と第六節の「體育の目的」であると思われる。というのも、例えば明治20（1887）年に公刊されている星野久成（編）の『體操原理』[*5]には、古代ギリシャ・ローマ、中世の体育、近代の体育の原型としてJ. J. ルソーの自然教育、ドイツ体操とJ.C.F. グーツムーツ、アーモスト大学の正課体育採用、軽体操のルイスのことが記されている。こうした体育研究書は当時の体育に関心を抱いた人々の目に触れたであるだろうし、『女子教育』の女子体育論の下敷きになったと考えることができる。また著者が調査[*6]したところによると、文献収集にしても麻生は同志社大学の出身であるから同大学の蔵書に触れることが容易であったと言えるのである。こうしたことからも成瀬と麻生の積極的な支援関係を彷彿できるのである。
　『女子教育』の中で取り挙げられている人物は、F. デルサート、グーツムーツ、F. L. ヤーンなどである。いずれにしても体操法を確立した人々である。彼らに関しては多くの一般の体育研究書に論究されており成瀬との関係は書面上のことであろう。その意味で以前言及した[*7]『女子教育』の例言で、体育・スポーツに今日も影響を付与している三人を取り挙げているホール、ギューリック、サージャントには接見したと思われるので重要である。彼らとは別に『女子教育』の「體育」にはエール大学のミーヴァーとボストン府

のクラーク医学博士が記載されている[*8]。前者のミーヴァーは、やがて日本でも体育の基幹教材となるスウェーデン体操を絶賛しているが、後者のクラークは女性の体育・健康づくりそのものを疑問視していた。そこで先の目的に接近するためにも後でクラークの言説を取り挙げたい。

1）各構成の解題

『女子教育』の「體育」は8つの節に分類されている。一節では「體育と知育との関係」が論じられている。まず教育の目的を、人類を最高の文明に志向させるものとして位置づけている。そして、教育は智徳体の三育とに分岐できるが、それぞれは3つにして1つ、1つにして3つであるところの三位一体であるとする。体育と他の教育との関係に関して、「健全な精神は健全な身体に宿る」という著名なユベナースの言葉を用いながら、身体の弱さは精神に影響し、「薄志弱行」を産出するなどの論を展開している。それらの点は生理学・身相関論からも説明できるとして体育は智徳教育の手段であり、目的でもあるとする。当時の女性体育の遅行から三育の達成のために体育を偏廃してはならないとする。

二節は「女子體育の本邦に必要なる所以」である。この節ではさらに3つの項で論じている。最初の一項は「國民の體格と女子の體育」である。女子体育の必要性について、女子は国民の母であり、女性の身体は男性よりも短小であるからこそ女子体育は必要であると述べている。加えて日本人そのものの体格が欧米人・中国人と比較して劣性であり、「倭民族體格」の改良策と称して日本人の体格改良策に取り組むべきだとする。この指摘は優性思想として解釈もできるが、体育の強化に意欲を見せた三島通良の著書[*9]などに散見できる主張であり、優性思想的な認識が時代的に席巻していたことを察することができる。二項は「日本國民の美貌と女子の體育」である。世界で優等な国民と評されるためには、体格も容貌も美麗でなくてはならないという論調で始まる。欧米の女性に比して日本の女性は容貌が醜い、今では世界の文明に追いついた日本では「健美」を両立させた女性を育てるべきで、女徳

の一部とされてきた起居動作の優美も体育によって育成できて一役を買うと考えた。身体の美とは容貌の均等、形状の整い、身体の健康、皮膚の色合いの良好だとしている。それまでの日本では華奢で色白な女性を好む趣向があり、実際に伊藤博文や木戸孝允といった元勲と呼ばれた人々が芸妓あがりの女性を正妻に娶るなどしており、身体の健康に価値観を置くことなく、花柳界で持て囃された社交上手な美しい女性が首肯されていたのである[*10]。そうした中で、健康と美とを両立させた点は大いに注目できる。美貌を表面的なものでなく身体的健康も含意した「健美」と論じた点は、井上章一に詳しいが[*11]、森林太郎が論じた「衛生美人[*12]」という概念に匹敵し、当時の女性観に対する挑戦であったように思える。この点に関しては、第八節の「本邦女子體育の振起策」、第三項の「美麗の標準を変更すべし」、で再度論じることにする。

　三節は「本邦體操の改良振起の必要」である。この節は成瀬が自分の体育改良論を提言するために、その主旨と展開を示したものである。日本の歴史、国情・国勢などを勘案し、日本独自の体育を模索して「日本体育法」なるものを提言したいとしている。それは女性のみならず男性にも適用できるものであるともしている。まさしく「日本」の体育改良である。そのために欧米の体育理論と実践、そして医学などの分野から体育史・現行体育方法を掘り起している。加えてアメリカでの見聞、文献蒐集なども活かそうとしている。

　四節の「體育略史」では、古代ペルシャ、ギリシャの体育が尚武として重要とされ青年教育の三育の一つとして据えられていたこと、ギリシャのアテネとスパルタでは、スパルタの教育は体育の方に傾斜しており、アテネの教育は三育が均衡し、とりわけ健康と美の均衡を標榜していたことを紹介していることを記している。この知見は先の二節の「健美」との結び付の源泉とも考えることができる。続いて古代ローマの尚武のための体育の問題、及び現代でいうスポーツを観る人と職業として行う人との乖離を取り上げている。これらは現代の体育・スポーツ研究でも注視される記述であるけれども、ローマの体育はアテネと比較して教育の三育性が崩壊していたことを暗に示唆しているようである。さらにはキリスト教が隆盛していた時代の中世の体

育が取り上げられている。精神性を重んじるキリスト教の下では身体が蔑視され、体育も軽視されたというのである。現代スポーツの萌芽は中世にあった点は取り上げられていないものの、スポーツのもつ祝祭性に随伴する喧騒化を緩和するために騎士が誕生し、武術とカタルシスのためにも、撃剣・すもう・乗馬などが奨励されたことが記されている。近代体育としては17世紀のヤーンのドイツ体操が紹介されている。この体操の特徴は競争しないということであり、その点はギリシャの体育には欠如した点であって、ドイツ体操は心身を均一に育成することにあったとする。またドイツ体操は科学性を、また唱歌・能弁を加えることで知の教育に、あるいは国の統制、国民の体力強化に機能したと述べている。さらにイギリスでは競争遊戯、ソビエトでは争闘遊戯が体育に採用されているが、それらは往々にして敵愾心を生み、ドイツ体操のような一致団結性を育成できないとしてドイツ体操の利点に触れている。最後に昨今のアメリカ体育事情について、1825年にヤーンの弟子ベックとホルンによってドイツ体操が紹介されたこと、当時のアメリカでは各国の体育の長所をとってアメリカ独自の特色を出そうとしたことを述べながら、いずれにしてもアメリカは1620年のメイフラワー号による入植以来、開拓に次ぐ開拓ができる程に身体は強健であったのだが、文明化と共に身体惰弱になったことを憂慮して体育に尽力を注ぐようになったと記している。以上のことを踏まえて、スパルタの知育・徳育の欠如、アテネの徳育の欠如、ドイツ体操の団結の精神の育成といった各国の体育の長短を紹介することで、時・空を考慮した体育を提言したいと考えたようである。次の五節は、「空」に相当する部分である。

　五節「欧米現行の體操法」では、最初に四つの体操法とそれらの長短を論じている。

2) 各種体操
(1) ドイツ体操
　ドイツ体操に関してヤーン、グーツムーツ、アイゼレンを考案者として挙

げているが、生理学、医学、教育学の研究の成果だとしている。そもそもこの体操の考案は、フランスのナポレオンの侵略に抗する青年を養成することが発想の機軸となっていた。従って、起こりとしては教育性よりも政治性に主意があり、学校教育から社会教育へと拡大されたとする。特質は身体全体を均一に鍛錬できること、健康度・巧拙度・年齢の差異に準じて実施できること、指導法としては順次難易度を高めて進展させ、用具も簡易性があり廉価であったために男女別なく誰もが取り組めること、随意に筋肉を動かすことで筋肉・内臓の発達が、用具を克服することで剛毅で沈着な精神が養成できるとする。反面においてイギリスの競争遊戯が、つまりテニス、サッカーなどのスポーツが無意識に身体を動かすことで筋肉が発育するのに対して、ドイツ体操では意志を基盤としているために指導者の意志に個体の意志も従う必要がある。その意味で無意識に身体を動かす競争遊戯であるスポーツでは身体を動かしていること自体を忘却するため心労が解放されることになる。ドイツ体操は団結性・指導者への従順性といった特徴を保持しているものの競争遊戯が内包する解放性に欠け、何はともあれ最大の短所として無味乾燥であるとしている。

(2) スウェーデン体操

　この体操は P. H. リングが考案したものであり、明治後半から大正にかけて日本の体育界に根を下ろした体操であるが、何といっても自然性を持ち合わせ、生理学に基礎をおいているのがこの体操の特徴である。それ故に治療的体操としても有益である。従って、目的を何に設定するかによって実施法に可変性をもたせることが可能であったとする。確かにドイツ体操も実施者の巧拙度によって行わせることが出来たが、スウェーデン体操では徹底的にその辺のことが可能であったとする。治療体操としても有効で肺結核・心臓病には全身の円満なる運動を施すことによって予防と治療が可能であり、具体的には呼吸法が採用されているためにその作用を妨害する運動は考慮されていた。つまり運動の主眼は筋肉の発達ではなく内部器官の発育におかれ

ていたので、体格の優越を測定で決するのではなくて身体各部の平均的な調和、あるいは指揮命令の円滑な自由性においていたとする。運動の目的は直接的な身体の優美ではなく、結果的にあるいは自然に優美になるとするのである。

この体操自体は平易であるが、実施順番を遵守するのが特徴で、たとえば競争的体操（スポーツ）、容儀体操（ダンス）などを行う場合に最初の準備体操あるいは衛生体操として用いるべきだとする。その順番として、準備→身幹後折運動（身体の反らし）→扛起運動（胸筋の開閉）→平均運動（小さい踏台の上で平均を取りつつ休息を取る軽体操）→肩甲骨→腹部→側体→脚部→跳躍→呼吸という順番を記している。場所を選ばずして老若男女ができる点に長所があり、しかも号令で動くために一点に意識を凝集する利点があるとする。号令に従うと味気がないとの批判に対して、子供が命令に従うことを喜ぶ趣向性、意識を一点に凝集するのもかえって休息法だとの反論を紹介している。とにかくアメリカで歓迎されていた体操であったらしく、エール大学のミーヴァー教授の「スウェーデン体操は科学的で最もよく発達している」との文言を紹介した。しかしながら、音楽と動きの関係性について、音楽に合わせようとして動きが疎かになる、だから号令だけの方が良いとのスウェーデン体操擁護の意見に対して、生徒は教師の号令に注目するあまりに、号令自体への注意力が過度に増長しないか、音楽には精神を和ませる要素があり、音楽に合わせて調子を取ることは有益だとして音楽抜きのスウェーデン体操を批判している。

この反駁はアメリカのリーランドによって我が国に導入されて明治20（1887）年頃には整備された体育の枢軸であった普通体操に代わってその地位を確立し始めていたスウェーデン体操[*13]に抗うものとして注目できる。しかし、後述するように、スウェーデン体操そのものにも二つの流れがあり、日本女子大学校の初代体育教師の白井規矩郎は音楽に造詣が深い（現東京芸術大学出身）故に、訓練的なスウェーデン体操に抗い、それ故に採用されたと言えよう。[*14]

(3) デルサート式体操

　この体操はフランスのデルサートが考案したものであり、身体の動作というものは意味を表出するものであるから「表出体操」という名称で紹介している。先の白井は「表情体操」を実施しているが、類似した体操であると言えよう。要するに筋肉を強化するのではなく、意志と神経系を経て伝達させる運動であって、一種の能弁術であるとする。容儀体操は女性に対して用いる場合に有効であると述べているが、創設3年後に発足した学生の課外活動の組織であった「体育会」の中には容儀体操部があり、その部はデルサート体操会とダンス会とに分けて設置されていた。現代でいう創作ダンスのようなものであったと言えよう。なお、アメリカの女子大学では往々に、つまりあちらこちらで実施されているとしている。

(4) 米国式体操

　「米国式」と冠された体操であるが、まずアメリカには様々な体操があって一定のものはないと説明されている。そして科学的に研究した上でアメリカ人に適合した体操の採用を試みているとする。体操を体育に、即ち「米国の体育」と換言したほうが適切かと思われる。一般的な傾向としては、男性の場合はイギリス風の競争遊戯であるスポーツが、女性の場合はスウェーデン体操が主な体育の教材として採用されていたようである。体育の目的としては体力の養成、筋肉作用の円滑化、適切な身体動作、精神と知力の鍛錬といったものが挙げられ、そのために入学と同時に身体検査を行い、その結果によって選別された適当な体操を課しているとする。さらには心臓、肺、血液循環に疾患があれば個人的レベルに配慮して対応したようである。加えて、解剖学・生理学・体育学などの知識を教授させたようである。体育館には能力別のクラスを編成した上で種々の重量・形状の器具がセットされ、これまた個人的レベルに配慮した運動を行わせ、また体育館以外にもプール、ボート場、グランドがあり、シャワー室まで備えられていたようである。

　女子大学では競争遊戯であるスポーツも盛んに行われていたようであり、

自治的な部活動が誕生していた。しかも部活動に参加するには身体検査という付与条件の認可制度までもがあったとする。ここではスポーツ種目は明記されておらず、競争遊戯であるスポーツは上手に管理し、指導法を誤らないようにしないと弊害が生起するとしている。つまりスポーツは体操と異なって競って勝敗を決するのであるから、身体を酷使するだけでなく、過度な興奮に伴う精神性などに懸念を抱いていたのではなかろうか。そうした認識の証左として、アメリカの女子大学の体育を積極的に模倣した創立時の日本女子大学校における対外試合の記録はないし、むしろ禁止されていたのである[*15]。この項ではイギリスでは体操ではなくスポーツに偏向していることについて、「英国人は近世の國民中最も競争的遊戯を好むと同時に體操が最も不完全なる国民」という文言を引用している。

　全体的なまとめとして、ドイツのドイツ体操の倦怠性、イギリスの競技スポーツの粗暴性、スウェーデンのスウェーデン体操とフランスのデルサート式体操の過小な運動量を問題だと指摘しながら、それぞれ長をもって短を補うべきだとしている。4つの体操法に加えて、「アメリカの女子大学の体育」が紹介されている。冒頭の言葉は、1820〜30年頃のアメリカでは女性が高等教育を享受するには課題があるとの言説が流布していたという言葉である。その言説の発信者はボストンの医師クラークである。要するに彼は男女混合・男女平等の教育に対して難詰と思える理論を展開しているのである。その難詰振りをクラークの言明とその影響をスタンリ〜の記述に沿いながら以下に概述したい。[*16]

3) クラーク説への反論

　クラークは、問題は女性の弱化した神経システムにあるとしながら、女性の場合は教育という営みによって脳に刺激を与えると内臓器官に不健康をもたらし、特に出産には悪影響を与えるとする。つまり教育が心身に及ぼすことを唱導している訳であるが、彼は女性の思春期前半に当たる時代は、排卵・出産のための発育期間であり完成期であるから重要だとしている。体育

に関わることとしては、身体そのものは2つのことを同時に行えない存在である。だから身体に関わる教育である体育を施すことは他の教育を疎かにすることになるというのである。少女たちが「筋肉」と「脳」とを同時に使用することによる悪弊は、将来において精神的病気、ノイローゼなどまでも引き起こすので教育指導者や親に注意を喚起したいとしている。

クラーク以外の当時の論者はそれほどまでも強力な論調で指摘していないが、彼は教育的営みである体育が元凶であるのでその悪弊を避けよ、と激しく言明したのである。さらに当時の人を震撼させたのは、この年齢時に教育を享受する女性は身体的のみならず性格異変を引き起こすという彼の教育心理学的な説明であった。生理学的・身体的な論点もそうであったが、それ以上に性格に関与するという心理学的論点は、その後の結婚、子育てを嫌悪するアメリカの中流階級の女性を輩出して出生率までも低下させ、引き換えに彼女たちに芸術・政治・金儲けといったことへ関心を移動させてしまったのである。そうした言説は、実しやかに女性たちをある種の男性化へと仕立てあげていったのである。当時の調査では一般の女性は80%が結婚していたのに対して、大学出の女性のそれは28%であったとある。かくして大学教育に関心を抱く女性は出産、育児に、いやそれ以前の結婚さえも否定的になったのである。成瀬がアメリカに留学した頃には、クラークのような言説は下火となりつつも、アメリカはもちろん日本でも女子教育の進展を阻む山の一つであったのである。

その点に関して、成瀬は明治30（1897）年に公刊された『女子教育談』[17]にあるように、正に女子高等教育への反対論が飛び交う中で、先の『女子教育』を演揮して講演で反駁を8つの反対意見に回答する形式でまとめているが、体育に関しては最後の八番目に回答している。基本的には指導者の問題として扱い、次のように述べている。

> 其は、女に教育を授ければ女を弱くすると云ふ説があります。私は之に反對の考を持ってをります。（中略）昔から學問で死んだ者が随分有る。

亜米利加でもさうであった。クラークといふ人の書物にも多くの女子教育の弊が舉げてあるけれども今日は米國にては丸で違って居る。

また同じ年に公刊された『女子教育演説』でも、「けれども今日亜米利加などの女子大學校、その他男子大學校の統計は何を表して居るか、大學校へ這入りましてから卒業するまで身體の機関が大變に進歩している」と述べて、[*18]大学入学後の体育の有効性について論じている。

クラークの論じた主要な言説は、内容から1873年の"Sex in Education; a Fair Chance for the Girlls"[*19]に論じられていると考えられるが、日本においてもクラークに影響を受けて、女性の高等教育は不要であり、しかも体育はそうであるとの跋扈した考えを、成瀬はアメリカの女子高等教育の場を具に参与調査・研究して誤謬である、と看取して講演で論じたのだ。

4) 体育の目的

六節の「體育の目的」では以下のような3つの目的が示されている。

(1) 第一の目的：身体の健康

体育によって優美性・筋肉の随意なる使用・勇気の保持とかいった諸点が育成できるが、女性にとっては強健であることが遥かに切要であるとの指摘で体育目的論は始まる。その理由として、強健は身体の生命であり精神の基礎であるとする。「婦人の為＝女性にとって」という出だしの言葉からすると、女性にとって身体の健康は何にもまして大切であることを示唆している。また、女性の身体的な価値を容貌・美麗といった優美性においた当時の価値観を払拭する意図があったと思えるし、先にあった「国民の母」としての身体という優性思想的な考えが合わせられたものと思える。いずれにしても体育の目的に現代でもそうであるが健康づくりを設定したのである。その健康づくりの要素として心臓、肺、消化器官及び神経系の健康を挙げつつ、五臓と神経系の協同的機能による健康を論じている。

この目的達成のための教材は、衛生体操・治療体操が中心となるとしてい

る。衛生体操というのは、今風には健康づくりのための徒手的体操と言えるだろうし、治療体操とは文字通り疾病に対応したリハビリ的な体操と言えよう。こうした体操の必要性が声高にされるのは四つのことが影響しているとして、第一に文明化が進み、馬車・人力車・電車などを利用するために運動不足になっているとする。その点は現代のジョギング・ウォーキングが生起した理由と共通することである。第二に女性は昔と違って知性（脳力）を用いることが増加して、逆に身体を使うことが減少しているとする。第三に女性の早婚、飲酒、不摂生などを挙げつつ、現代で言う生活習慣に起因することで虚弱性が遺伝しているとする。第四に医学の発達によって嬰児が死亡することは激減したのだが、その後に罹る背曲、リュウマチ、痛風、胃病、肺・心臓病などの疾病に対応する必要があり、その場合は治療体操が有益になるとまとめている。

(2) 第二の目的：身体の教育

第一の目的であった身体の健康は、健康づくり・体力づくりに関与する目的であったが、第二の目的は脳と身体の諸器官との間の神経系の支配、伝播に関係したことである。この目的達成のための運動を「教育体操」と呼んでいる。脳からの命令によって筋肉は動き、また肢体の末端からの刺激で脳が反応することは現代科学では認知されていることである。つまり身体における伝達は中枢からと末端への刺激で生起するのである。会話、発声、執筆といった日常的な動作は、こうした神経系の支配、伝播が必要であるとの認識の下で、意志の伝達には脳から筋肉への命令系統に依存するとしている。この教育体操では意志の筋肉への伝達が円滑、精密になされることが求められるとしている。今日の卑近な例で言うと徒手体操、中でもリトミックなどが挙げられるであろう。この体操で獲得されることとして、次のことが挙げられている。

　1）円満及び平均を得ること、2）筋肉の増進、3）忍耐力の増進、

4）敏捷、5）優美、6）筋肉を自由に支配する事、7）筋肉の判断、
8）勇気、9）克己、10）身振り

　この中で、まず「7）筋肉の判断」という表記は興味深い。ボールを投げたりする時には相手との距離を調整・判断する必要が出てくる。またある高さを飛び越える時も筋肉に対する刺激量を調整する必要が出てくる。その調整能力のことである。馬術、自転車、弓・剣術などが有効であるとしている。「8）勇気」を獲得するというのは、対人との関係では逡巡しない精神性を育む必要が出てくるので、競争性を伴うスポーツでは精神性である勇気が獲得できると理解して、教材は「遊戯など」が適切かと述べている。「9）克己」としてはドイツ体操を教材とするとしている。ドイツ体操は他の体操と異なり、用具を克服する必要性が大である。例えば木馬（跳び箱）では恐怖感が超克される必要がある。現代で言うとマッキントッシュが示唆した「克服スポーツ[20]」という概念が相当するであろう。「10）身振り」は、ジェスチャーとも表記されており、身体を通した自己表現と考えたら良いだろう。教材としては先述したデルサート式体操を挙げている。この体操は日本女子大学校では創立当時から体育教材として採用されていたが、初代体育教師の白井は現東京芸術大学の音楽学を修めた人物であった。彼は音楽と体操を組み合わせた表現体操を考案しており、それはデルサート式体操と類似したものであった。自己表現できる女性を期待していたためと思える。

(3) 第三の目的：休養
　人はルーティン化した生活や行為では疲弊してしまう。ここでは「神経の疲労」と表現されている。その解決のためには遊戯が最適であるという。この遊戯に競争遊戯、遊戯体操、戸外散歩などを挙げて示している。分かり易く言えば「気分転換」としての作用である。スポーツという言葉の語源は「日常性からの解放」であるけれども、ここに述べられている「不識不知の間に面白く運動する」との言葉にこの目的が含意されている。というのも、

この目的には教育体操・治療体操が無益であるとされているからである。知らずしらずのうちに楽しむというのは、意図的な行為ではない。そこで治療体操は治療という目的をもった非常に意図的な体操であるので排除されるべきだとするのである。この第三の目的である休養については、「遊戯と業務」という言葉を対称化して巧みに論じている。つまり、遊戯に対する労働・勉学などとの比較である。遊戯によって精神的な疲弊が取り除けたら遊戯は止めるようにとしている。遊戯はあくまでも気分転換に機能するのであり、遊戯そのものが目的化されて面白いからといって遊戯にのめり込んではならないと遊び過ぎの弊害を指摘している。

5) 体育の方法

　七節では体育の「方法」が論じられている。目的を達成するためには方法が必要であるとの論法でこの節は始まる。この節では「個人の必要性に適応した体育」ということを中心に展開されるが、そのために個々人の身体的状態を教師が把握すること、また指導の過程には順序が配慮されるべきことが記されている。それらの指摘のために集団的営みの強いドイツ体操の一致団結の精神への評価と共に、その体操の年齢や体力の相違への配慮不足が欠点だとする。学習者によっては「休養」が目的とされるので、方法としては遊戯、散歩、音楽、舞踏などが適切であるとする。次の成瀬の文言には深い意味が伏せられていると思われる。「我校に採用せる球籠遊戯の如きは、多数の生徒を全時に休養せしめながら活発の氣象と健全の身體を養ふに達するものなり」というものである。この「我校」とは何処を指すのであろうか。時系列で読み取ると、この書が書かれた明治29（1896）年は、成瀬は梅花女学校の校長であった。すると、そこで実施されていたボールゲームということになる。確かに、梅花女学校で編纂されたものを見るとそこですでにバスケットボールが体育に採用されているのである。[21] ただし、この文言に引き続く文章では、使用したボール以外は２つのチームを源平に準えていたこと、竹竿に籠を括りつけていたことが創立の明治34（1901）年以降、連綿と継続

された日本女子大学校の日本式バスケットボールと酷似する。

　この「我校」を梅花女学校としたとしても、日本にバスケットボールを紹介したのは成瀬であって「成瀬が関わったボールゲーム」という点では一致するであろう。それ以上に、ここで論述していることは、第三の目的、休養の所で触れたように、レクリエーション的な体育の役割が強化されながらも、活発になり過ぎる点、優美さを欠く点、あるレベルに到達すると倦怠を引き起こすなどの負の部分が論じられていることである。とりわけ、女性が活発であることに批判的な眼差しが残存した時代である。その補完のためには女礼、茶花、舞に加えてデルサート式体操が、そして最後に疾病のある身体には治療体操が、とりわけスウェーデン体操は女性に有効であるとまとめている。明治15（1882）年頃から、リーランドが紹介した普通体操が日本の体育を席巻していたのであるが、この頃からスウェーデン体操が科学的な体操と呼ばれて、体操の主流となっている様子も伺い知れる。

6）女子体育の振起策

　八節では「本邦女子體育の振起策」として女子体育を盛んにするための提言がされている。今まで、述べてきた体育の原理、歴史、方法を踏まえて、ここでは今後の女子体育について、四つの視点から提言している。

　(1)「日本體育學を興すべし」として、それぞれの学問分野にあるように、日本でも固有の体育を行うために体育学が必要であるとする。要するに、科学的・理論的に整備した体育学の構築の必要性を論じているのである。しかも「日本風」、「日本学派」という表記に注目したい。具体的に教育学会の中に「體育學專門科」を設けることを提案する。教育学会の中にという点であるが、現代における体育は教育界からよりも学校を包摂した社会におけるスポーツ・身体運動に視座が置かれて研究が進展しているのが現状であり、当時は通俗教育という言辞はあっても社会体育、社会スポーツという概念が無かったこと、あるいはもっと詳細化すると日本では、体育・スポーツは学校教育の中から社会に普及したのであるからこのような表記の提案になるので

あろう。手始めに、教育学者、医学者、衛生学者、政治家などによって構成される「大日本體育学研究會」を立ち上げるべきだとする。

(2)「體育教師養成所を設くべし」として、医学、教育学、体育学に造詣の深い体育教師を育成すべく体育学校を設立すべきだとしている。その理由として当時の体育教師は実技の指導力はあっても体育学・医学に精通していないために学習者の身体に関する医学的な掌握が出来ておらず、またそれを基にした開発的な体育ができないでいるとする。特に女学校では医学・体育学に明るい女性教師がいて生理、衛生、看護の理論を教授すべきだとする。当時、「女子体育は女性体育教師の手で!」という動きが起こっていたこともあるが、アメリカのウェルズリー女子大学ではまさしくそうであり、その知見が活かされた論述である。

(3)「美麗の標準を變更すべし」として、まず女性が虚弱であるというのは種々の装飾のためだとする。その装飾とは眉を落とす、歯を染める、顔を白粉で塗るということである。それは白顔、細腰、繊手に美麗の基準を置いているからだとして、その結果、運動や労働を避けた日光の恩沢を被らない生活行動をしているとする。さらなる理由として、男性の趣向が顔面青蒼、容姿がやさしく、矮小な女性を好むからだとしている。そこで、まず「国民の母たる女性」の体育に力を注ぐべきだと筆を進めている。「国民の母たる女性」という表現は、フェミニズム論からすると優性主義的だとして批判される向きもあろうが、男性自身の価値観を変更すべきだとする発想は評価できるだろう。さらには人の美麗というのは、顔色だけではなくて身体全体の均衡的発育にあるとする。しかもその際の顔色は身体の健康から派生するものだとして、女性の美麗の基準は全身の健康・血色・身体の全体的発育・身体が強大なること、とすべきだとしている。要するに、顔色といった表層の美に留まることなく、身体の健康と相俟った全体性に美の表象的価値をおくべきだとする提言である。

(4)「早婚の弊を矯正すべし」として、早婚、晩婚に関して論じるのは愚見かもしれないが、15、6歳で結婚するのは身体の発育を停止させ、生ま

た子供も羸弱であるとする。それは医学的に実証されてきているのであるから改良すべきだとする。この改良のためには政治的、法的に規定するのが望ましいとしている。

著書『女子教育』に収められた女子体育論は、麻生が「この体育論は主に私が認めた」と述べているけれども成瀬と麻生の特色を多々散見できる。成瀬はアメリカでの体育研究者などと接見し、参与的調査と見做せる実地踏査で、女子体育の知見を獲得していたのであるが、麻生は同志社時代から女子体育に関する文献を渉猟していたと明言しているからである。つまり、この論文は成瀬のアメリカでの実際的見聞と麻生の理論的研究という棲み分けによる分担作業に依るものであったと言えよう。

『女子教育』に所収されている体育論を解題することに努めながら、成瀬の女子体育観について論考した。改めて優性思想と思われる文意があって時代的な制約も感じるが、体育学研究・女子体育指導者の必要性、容貌論に見られる女性観の見直しなど、成瀬の体育に関する造詣の深さと斬新さと先見の明を知らされたものである。

◉注および引用参考文献

＊1　岸野雄三『体育史』、大修館、1968、pp135f
＊2　青木生子『いまを生きる成瀬仁蔵―女子教育のパイオニア』、講談社、2001、p100、中嶌邦『成瀬仁蔵』、吉川弘文館、2002、pp98f
＊3　「同志社教育から日本女子大学教育へ（上）」、1937、p865、日本女子大学『麻生正蔵著作集』1992 に所収。
＊4　『女学雑誌』267号、269号、p222、日本女子大学、成瀬仁蔵著作委員会『成瀬仁蔵著作第一巻』に所収。
＊5　星野久成『體操原理』普及会、1887、p5、岸野雄三（監修）『近代体育文献集成第一巻』、日本図書センター、1982 に所収。
＊6　拙著「麻生正蔵の体育・スポーツ論」、『日本女子大学紀要』、人間社会学部、第13号、2003、p3

*7　拙著「新しい女たちと体育・スポーツ」、『「青鞜」と世界の「新しい女」たち』、翰林書房、2011 に所収、p80
*8　*4の『成瀬仁蔵著作集第一巻』の「女子教育論」p137 に明記されているアメリカ、ボストン府（当時）の医師。
*9　三島通良「體育と體操と」p6、岸野雄三（監修）『近代体育文献集成第三巻』、日本図書出版、1982、『内外名家體育論集』1902 に所収。
*10　小倉孝誠『「女らしさ」はどう作られたのか』、法藏館、1999、p137
*11　井上章一『美人論』、朝日文芸文庫、1996、p155
*12　井上章一が紹介している『大日本私立衛生会雑誌』62 号（明治 21（1888）年）に、健康と美を備えた概念である「衛生美人」という名辞が登場する。健康と美とを結実させるのには種々の議論があったことが伺えるが、成瀬仁蔵は「健美」を積極的に結実させたと思われる。
*13　竹之下休蔵、岸野雄三『近代日本学校体育史』、日本図書センター、1968、p42
*14　拙著「日本女子大学の体育に貢献した人々（2）―初代体育教師、白井規矩郎について（その1）」、『日本女子大学紀要』、家政学部、第 33 号、1896、pp190-193
*15　*6、pp8-10
*16　Stanley. Gregory Kent: The Rise and Fall of the Sportswoman: Women's Health. Fitness. and Athraletics. 1860-1940. Peter Lang Publishing. 1996. pp30-36
*17　*4、『成瀬仁蔵著作集第一巻』1989、pp159-187 に所収されている講演。
*18　同上、pp191-211 に所収されている講演。
*19　この言説は 1973 年に Arno press で再版された Edward H. Clarke. *Sex in Education; Fair Chance for the Girls*. Boston: Rand. Aeue Co と内容的に判断できよう。
*20　Peter McIntosh は『現代社会とスポーツ』（手島善一・岡尾恵市、森川貞夫編訳、大修館、1991、p57）の中で、スポーツを分類しながら自分自身の心身はもちろんであるけれども、登山では山という自然を、水泳では水を克服する必要があり、そうしたスポーツのあり方を Conquest Sport 即ち「克

服スポーツ」と呼んでいる。
＊21　梅花学園九十年小史編集委員会『梅花学園九十年小史』、1968、p76

2 麻生正蔵の体育・スポーツ観

　麻生正蔵は日本女子大学校の2代目校長であるが、周知のように、初代校長であり、創立者である成瀬仁蔵との相互信頼の下に女子高等教育機関である女子大学校の設立運動を立ち上げ、具体的に扶けて創立に貢献した[*1]、とされる。二人のその働きはまさしく両輪の如き働きであったのである。前節でも触れたが、成瀬仁蔵は日本女子大学校を創立にするに当たり、まず創立の必要性を理論的根拠を示しながら、江湖に訴える必要があり、創立の趣意書の代替えともいえる著書『女子教育』[*2]を出版したが、実際は麻生正蔵との共同の労作であり、成瀬仁蔵は共著として出版したいとの旨を麻生正蔵に伝えて懇望したが、今後のことを考えて、麻生正蔵は成瀬の単著として出版するようにと共著出版を固辞した[*3]、といわれている。そうした事実をも踏まえた上で、麻生正蔵自身は次のように明言している[*4]。

　　（中略）そう言ふ見聞や體験からして女子には女子に適當にして有効なる體育を施す必要を感じて居たのである。而して私は日本人の體格體力の向上増進を圖る必要をも痛感し、母校在學時代（同志社）から婦人の體育に関する圖書館の書籍や雑誌を愛讀して居たのある。『女子教育』の第四章の體育論は主として當時の私の研究の産物である。

　繰り返しになるが、字句通りに受け取ると、『女子教育』の体育論は、主に麻生正蔵の研究の成果が反映されたものといえる。しかしながら、成瀬仁蔵自身もアメリカの女子大学などを歴訪し、女子体育の動向に造詣が深く、例えば、いち早くわが国の女子体育の教材としてバスケットボールを採用すべく「日本式バスケットボール」を考案したのであるから、麻生正蔵が述べるように「主として当時の私の研究の産物」であったことは事実であろうが、両者の意見が交換された上で、執筆の棲み分けをしながら醸成されたと思わ

れる合作であり、まさしく共著であったとするのが自然ではなかろうか。

ここで考証のために使用した主たる史料は、『麻生正蔵著作集』に収録された麻生正蔵の論文を筆頭に、その著作集に収められていない当時の雑誌などに彼が発表した体育・スポーツに関する著作である。麻生正蔵が日本女子大学校を成瀬仁蔵と共に創立する以前から、健康、体育に関心を抱いていたことは先述した同志社での学生時代を回顧した「日本人の體格體力の向上の増進を計る必要から體育に関する文献を読んでいた」という記述から明瞭である。この記述は、体格・体力の強化、育成を意図するのであるから「身体の教育」に相当する。では、そのような発想は如何にして彼の中に形成されたのであろうか。一般に「思想」というものは、文献、資料などによる知識の享受や実践、見聞などの体験的享受、若しくは両者を重ねた思索によって構築されると思う。そこで最初に麻生正蔵の体育思想に影響を及ぼしたと思われる、同志社時代の創立者新島襄の体育観とその大学での体育の状況から探求する。

1）新島襄の体育観と同志社の体育

麻生正蔵は、「顧みて之を思ふに、我母校同志社の當時に於いては、私たち體育の眼目であり、中心である三大生活機関（神経、血液、消化）の強健化に不充分ながら、主力を傾注することを忘れなかったのは、誠に感謝すべきことである。[*5]」と述懐している。この言明から同志社での体育実践が麻生に大きな影響を及ぼしたことは明らかである。

創立者の新島襄自身はどのような健康・体育・スポーツ観をもっていたのであろうか。秦芳江は『新島先生と体育』という論文の中で、「先生の健康は必ずしも健康に恵まれた一生ではなかった[*6]」と述べながらも、「藩校の方針に従って先生も十一歳から十六歳までを武芸に専心せられ[*7]」とか「学生とともに喜んで遠足や兎狩りに参加された[*8]」とも記しているので、寝込むような不健康では無くそれなりの運動を行い、理解もしていたことが分かる。アメリカに慶応元（1865）年に渡った新島は、最初はニューイングランドで行

われていたスケートに目を留めている。また、世界で最も早く、大学としては保健体育の教科を設定し、学生の健康管理に努めたことで有名なアーモスト大学には1867年に入学していることから窺えることは、この大学の特色でもあった体育、スポーツに無関心でおられなかったということである。そこでは全学生が20分間の木亜鈴体操*9、ランニング、ダンス、合唱、体操、ボーリングがクラスの指導者を中心に行われていた*10、とされている。そういった体育状況の見聞は、少なからず後の新島襄の同志社に於ける教育に反映されたことは推して計られる。かくして、新島襄の体育観は、アーモスト大学の体育教育がそうであったように、体育を幅広い教養教育の一側面として捉え、そして、その手段として体操やスポーツを位置づけるものであったといえよう。しかも、ヒチコックのような生理学、衛生学の当時の権威者がアーモスト大学で体育の教鞭をとっており、後に紹介するようにヒチコックの著書は、同志社大学に現在も保管されていることから類推しても、新島及び同志社の体育は教養教育の一環であり、かつ健康、体力の養成である「身体の教育」を尊ぶものであったといえよう。

　加えて、新島は明治5（1872）年に、ヨーロッパを訪問している。この時の旅行報告書は、田中不二麿によって『理事功程』（文部省、1875年）として公刊されているが、体育に関して取り上げた部分は、新島の草稿とは幾分異なっているそうである*11。というのは、田中と違って新島は、GymnasticsやTurnenの訳語に「體操」ではなくて「體術学」を当てているからである。そこには新島が学んだアーモスト大学のPhysical Educationは、単なるGymnasticsではなく、Physical Cultureであったという認識が潜んでいたため*12、と論考されている。つまり、「體操」が体格、体力の育成に重きをおいた、いわゆる「身体の教育」の中心的教材であるのに対して、「體術学」には、「身体の教育」をも包含する「身体を通しての教育」である全人教育に拡がりをもった体育思想が念頭にあったためだといえよう。それを証明するかのように、新島自身が足相撲、腕立て伏せのなどの身体運動と共に、学生と一緒に登山、遠足、兎狩りなどの狩猟に参加し、アメリカでは日本人初

のスケート経験者として目されていたこと、さらにアーモスト大学でボーリングを見聞していることなどから、身体だけの教育に止まらない「身体を通しての教育」である体育を体言していたことが分かるのである。

アーモスト大学の体育のカリキュラムから見ても、学生の学業に欠かすことのできない「休養」として、体力づくりをも内包した「レクリエーション」として位置づけられており、アーモスト大学の体育を内包していた新島の体育観は、開発主義や教養主義を標榜するアーモスト大学のリベラルアートの教育理念に立脚していたものであった。系譜的にいえば新島、同志社を介して麻生正蔵の中にも同様の体育観が胚胎したと思われるのである。その系譜は同じく同志社出身でしかも同志社の女子部に勤務し、やがて日本女子大学校で英文学科の教授として赴任した松浦政泰からも読み取れる。彼については後に詳報する遊戯に関する著書があり、しかも日本女子大学校で長年に亘って運動部長を務めたという経歴がある。彼が「運動」部長という指導者的立場であり、テニスの実践者であったことからすると、明らかに「身体の教育」に止まらない「身体を通しての教育」の体育観を内住させていたことは明らかである。

次に以上のことを、同志社に保管されている新島襄の体育に関する代表的な蔵書や、秦芳江の蔵書分析と著者の調査から検証してみることにする。新島の体育関連の蔵書には次のようなものがある。

1）E. Hitchcock: Elemntary anatomy and physical for colleges. academiesand other school
2）J. C. Dalton: Apprentices on physiology and hygiene; for school families. and college.
3）T. H. Huxley: The elements of physicology and hygiene.
4）杉田玄白：健全学

これらは主に生理学、衛生学に関するものであるが、中でも、ヒチコック

は、新島のアーモスト大学での恩師であり、彼の著書は生理・衛生学の教科書として使用されていた[16]のであるから、受講した麻生の「身体の教育」という視点を触発した文献である可能性が高いといえよう。

そのような傾向は著者が調査検索した蔵書[17]にも見受けられた。たとえば、同志社大学には現在も『養生訓』の著者として有名な江戸後期の健康学者の貝原益軒が関った著書である『和洋名数大全』とか『小學句讀集疏』、『自娯集』等が蔵書として保管されてあり、殊に『自娯集』には、「酒禍論」、「鼇學鉤絃」といった健康、医療に関する内容が収められている。

角度を変えて、麻生の体育観を構成する「身体の教育」の両輪の一つである「身体を通しての教育」に影響を及ぼしたものを探求する時に、彼自身の書き込みも多くある蔵書であるといえるのは、Cassidy & Wood の New Physical Education を筆頭に挙げるべきであろう。しかし、それを考証する前に「身体を通しての教育」としての体育観が形成される歴史的過程を手始めに論じる必要があろう。その意味で麻生と同志社時代に同期であり、日本女子大学校の体育に、とりわけスポーツに影響を与えた松浦の考えと働きは見逃せない。松浦は自分の遊戯に関して取りまとめた彼の自著の編纂に援助を与えた人とする 20 人の中に麻生正蔵を挙げている[18]。松浦は執筆に当たって、日本の遊戯に関しては『風俗画報』や古書を参照し、外国のそれに関しては内外の図書を渉猟したり、友人知人より借覧したり、さらには欧米から取り寄せたものが少なくない[19]、と述べている。松浦の遊戯やスポーツの重視は、麻生が「身体を通しての教育」としての体育を容認したことと幾分かの共通点を感じる。なお、松浦自著と参考文献として挙げた文献、とりわけ創立年である明治 34（1901）年よりも以前に発刊された文献、すなわち麻生自身の遊戯・スポーツ観に影響を与えた可能性のあるものは以下の通りである[20]。

1）エー・グード：遊戯の科学（1894 年）、2）ピー・スツラット：英国の遊戯と娯楽（1896 年）、3）シー・ダブルユ・マン：学校の遊戯娯楽（1884 年）、4）勘者御迦雙紙（寛保 3〈1743〉年）、5）エチ・イー・ホリスタイ：

客室遊戯 (1897 年)、6) サラ・エル・ストッキング：活人書、学校用客室用、(1883 年) など。

　麻生の「新体育理念に関する論文」は、昭和3 (1928) 年に入ってのものなので回顧的論文だが、彼が「我が校は創立以来、新体育理念であった」[21]というときに、麻生は創設前後から新体育の理念を認識し保持していたことが明らかである。むしろ、彼が永年抱いていた「身体の教育」と「身体を通しての教育」の二面性の体育観を、日本女子大学校で止揚させて開花させたといえよう。

　麻生が家庭教育の必要性を提唱したことは周知のことであるが、松浦も家庭教育は自然教育、学校教育、社会教育に比して重要であるにもかかわらず、我が国では未だ未墾であり、その授受すべく方法の一環として「遊戯による教育」を重視している[22]。この点では松浦と親交のあった麻生が家庭教育の中に遊戯を手段として教育する視点をもっていたことを彷彿させられる。松浦が参照した文献の中で、麻生が同志社在学中（明治15〈1882〉年〜明治20〈1887〉年）に相当し、紐解いた可能性のあるものを挙げると、1) エス・エル・ストッキング：『影繪と獣劇と活人畫』1884 年、2) サラ・エル・ストッキング『活人畫、學校用客室用』1883 年、3) バレンチン夫人：『女子之書』1887 年などが該当するが、だからといって麻生が手にした文献であることを特定できない。しかし家庭教育での遊戯重視の視点は、麻生の「身体を通しての教育」としての体育観形成に影響を及ぼしたといえないだろうか。

2) 麻生正蔵の体育・運動の見聞

　先ほどから引用している麻生正蔵の著作の一つである『同志社教育から日本女子大学校教育へ』という論文は、「そもそも恩師でもあった新島襄と母校であった同志社で受けた教育を如何にして日本女子大学校に活かそうとしたか」について論じたものである。従って、すでに触れている部分もあるが、日本女子大学校の体育のルーツを考えるには格好の史料となろう。彼は以下

のように述べている。[※23]

> 體育上の貢献、私は母校同志社に於いて體操其のものの術は殆んど得る處はなかったが、體育の重要性を覺り、自ら進んで、自己の健康や體力を養成すべき必要を感知し、身體の生命機関の強健増進の爲の衛生及び體育を終生實行すべく必要を痛感したのである。新島先生を初め、先生方は頻りに衛生體育に関して心得を説き、注意を輿へられたのみでなく、各先生が皆各自の衛生體育を實行されて居たのである。

また、麻生正蔵が在学中に同志社に在任していた教師、医学博士ベレーの衛生体育の講話や哲学博士のネーホネッドは本人たち自身が今でいうウォーキング、ダンベル、棍棒による体操の実施をしていたのを垣間見て、「私はそふいう先生方の衛生體操の實行振りを目撃して、各人自發的に自己の身體の要求する、自己の身體に適切有効なる體操衛生を實行すべきものであることを知り得たのである」[※24]と触発されたことを述べている。かくして、麻生は同志社において積極的に運動技術を修得したとは思えないが、体育の重要性は種々の見聞により痛感していたことは確かである。また、今日でいうスポーツ技術の修得よりも、学生時代は健康や体力に配慮したいわゆる「身体の体育」に接近したことが、「私達學生は食事の上にも衛生を守ったが、食事後毎に、御所の周圍を散歩し、午後四時頃には先輩や友人と自由体操を行ひ、毎土曜日は東西の山に登って心身の健康を養ふたのである」[※25]という記述で分かるのである。

その他に視察・見聞によって受けた影響を取り上げると、明治40（1907）年「欧米漫遊雑感」[※26]で述べられているものを挙げることができよう。アメリカ、イギリスを訪問しながら、次のように述べている。

> 英吉利人の姿勢は、亜米利加人に比して餘程劣って居る。（中略）余が紐育行った時に、同市の教育局體育部長なるギュリック博士に面會した

が、同氏の談に拠れば、現下紐育市教育局で體育上最も意を留めて居るのは他ではない、兒女の姿勢を矯正することであるといふことであった。蓋し児童の時より姿勢を正しくするときは、後年に至り健康を保持する上に著しき効果を興ふるもので、若し姿勢正しからざる時は、人間の生命と大関係を保つ所の心臓肺臓若しくは胃を壓迫して其活動を妨ぐべく、而して此等内臓の機関を妨ぐは、此れ直に身體を薄弱にする所の原因なれば、最も戒慎を加へなければならぬ。米國の教育家がことに此に着眼し居るは大いに敬服すべき次第である。

（中略）米国の婦人は殊に他園人に勝れて優秀なる姿勢を備ふる為目立って見える。（中略）日本では體操教員姿勢を矯正すべきことを生徒に命ずるけれども、其實姿勢と身體の健康とは如何なる関係を有するものかを知らざる先生が多いようだ、故に我國の體育上においては今後開拓すべき餘地がまだまだ澤山存在するのである。

とりわけ、女性の姿勢と健康にまつわる「身体の教育」の必要性が表記されているのは注目できよう。

麻生はアメリカへ留学し、帰国報告（明治39〈1906〉年）の一環としてアメリカの体育事情に関して論じているが、そこで垣間見た体育について「體操はスエーデン式をもとにして行っているが、何式でもあれ身體によいと云ふものは、凡て課している」[27]と言っている。また明治40（1907）年の同様の報告では、スミス、ウェルズリーなどのいわゆるニューイングランドの女子大学には室内体育館があり、衛生の観点からプールには髪を乾かすドライヤーまであったこと、水を飲料する場合もコップは使用せず、噴水状のものから飲み伝染病を予防していること、教室は温度調節がしてあったことなどが報告されている[28]。また、姿勢の点でイギリス人と比較してアメリカ人が大いに勝れているとも評価している[29]。

こうした「身体の教育」の視点は、身体に適した食物について論じた「最

も価値ある食物（談）[*30]」においても表現されている。栄養学の知見を用いて身体への影響、あるいは料理法に至るまで論じられており、興味深いのは料理の目的として、栄養学的、生理学的な目的の他に「審美上の目的」という標題で、嗜好をそそる切り方、色の配分、味の調整といった視点が加えられていることである[*31]。しかしながら、大正3（1914）年の論考である「料理と裁縫はどっちが大切[*32]」でも、近年料理よりも裁縫が高等女学校などの教育界で尊重され、裁縫は料理の補助的な存在であるとして論じている。そこにも身体性に関心が収斂されており、「身体の教育」に立脚した体育観の基盤が見られる。

3）麻生正蔵のスポーツ実践

「母校同志社では運動會と言へば、當時は旗奪ひ一種に限って居て、別に他の何ものもなかった[*33]」述べている。「旗奪ひ」といえば今日でいう棒倒しの類であろうか。この運動種目に関して、日本女子大学校のバスケットボールと比較した形で、「競技精神、全體奉仕、共同奉仕等の重要性」を学んだと往時を振り返っている[*34]。また個人的な運動でも、学友と琵琶湖にて短艇（ボート）を漕いだ経験から、以下のように述懐している[*35]。

> 共心同力の如何に必要であるかを痛感したのである。之れバスケットボール競技を奨励した所以である。それ故に私達は學校校門の寮及び三泉寮天心寮等に於ける修養生活と同様に、運動會に於いて國家家庭を初めとし、團體生活に必要なる純眞愛の全體への共同奉仕の性格養成に努力したのである。

以上のことから麻生が同志社での体験を日本女子大学校の体育の教育目的、とりわけ「共同奉仕」の綱領に活かすべく参考にしていたことが分かる。麻生自身は先に述べたように「技術は取得していなかった」と述べているので、運動として技術性の低い体操、散歩といった「身体の教育」は自分でも実践

したものの、バスケットボールやテニスなどの技術を要し、しかも社会性と関わる「身体を通しての教育」としての体育は実践していなかったといえる。そこに見え隠れすることは自分自身ではスポーツを実践していなくても、教育者として立つときにはバスケットボールなどを「身体を通しての教育」に活用するという理念が浮揚したのであろう。そのことを物語るように同志社時代のボート経験を振り返って、オールを漕ぎボートを操るにしても集団的な協力が必要であった、とわざわざ断っているように、集団スポーツは「共同奉仕」の精神に繋がることを論証したかったのだと思う。

麻生は外遊した明治37 (1904) 年から明治39 (1906) 年の間に、「私は英国パーミンガム大總長サー、オリバー、ロッヂ博士の宅に数日滞在中十二人の男女の子供の父であるロッヂ總長は毎日夕刻必ず男女の子供と共に邸内のコートで庭球を楽しそうに遊んで居た。私もその中につり込まれた」と述べていることから、テニスを行ったことが分かる。同じ論文で引き続いてテニスに関して、「秋の学期から年若き青年女子を相手に、校庭に於て、庭球を遊び、大に體育を奨励する覚悟で遭った處、不幸して八月當初から、右脚關節炎に侵され、その意を果たし得ないのを遺憾に感じ、最近に至り、女教師方に勧説している、率先運動に従事せんことを奨励している[*36]」との明言もあり、テニス実践の痕跡がはっきりと見受けられる。また、日本女子大学校の第4代校長の井上秀が、「自転車競技も名物の一つであるが、始めは學生にするものがなくて成瀬、麻生、堤の三先生が競争なされた[*37]」と回顧しているように、自転車の競争・打鞠も行っていた。このように、麻生は日本女子大学校に赴任してからは同志社時代では見られなかったスポーツを実践していたのである。その他の運動実践を見ると、先に述べたように同志社時代には土曜日は運動実践の日として、山登りなどを行っているが、欧米旅行により、運動・スポーツの必要性を触発されて、帰国後、日本女子大学校でも「然るに、本年の夏は、私は初めて避暑生活を信州軽井澤に送る幸福に接したから、朝夕登山を試み、身體を鍛錬し…[*38]」と述べていることから、同志社時代の登山経験を軽井沢でも試みたことが窺える。したがって、同志社時代からの

「身体の教育」を継承しながら、日本女子大学校では「身体を通しての教育」に関与する運動・スポーツへの視座が強化されたことが分かる。

　麻生正蔵の体育・スポーツ観は、今まで見てきたよう学生時代での学習と実践を底流に、教師としての立場によって構築されてきたことは明らかである。それは次に挙げる「新体育」、「学校間の対校戦」に対する解釈から看取できる。

4) 新体育理念の解釈

　新体育という理念は、「新」という言葉が冠されているように、それまでの体育理念とは異なった理念であることはいうまでもない。後の拙著で分析したように、わが国では大正末から昭和の始めに紹介されたものである。そして戦後(1945年)になってようやく理念が政策として具象化され、定着したといわれている。その点では先に触れた麻生が「我校の體育及び運動會に就いて」のなかで、新体育に関して言及した論文は、時系列で見ると日本で新体育理念が紹介された嚆矢として位置づけることができるだろう。麻生が「我校の體育上の主張はそれ(新体育)と符節を合するものが存する」と表現しているように、日本女子大学校の体育を創立以来新体育そのものであったと認識していた点は興味あるところである。麻生の書き込みがあり、かなり読込まれたと思われる日本女子大学に保管される "New Physical Education" には、新体育の十戒として、10項目が論じられているが、麻生はそれに倣い、あるいはそれらを斟酌、展開させて「新體育の十誡と我校の體育主義」という項目で展開している。かいつまんで要約すると、次のようになる。

　　1)「進歩主義の教育」としての体育、2) 日本の婦人に適切な「自主的体育と西洋体育の採長補短」を実践する体育、3)「最新の科学的知識と教育学説に並進」する体育、4)「知的、社会的、道徳的、美的、身体的といった性質の統一体の養成に機能する全人的教育」としての体育、5)「社会生活並びに人類生活の進歩向上に有益な本能(能力)を養成する」

体育、6)「家族、団体、国家、世界の一員たる公民として」の教育（体育）＝個人主義の排除、7)「具体的、社会的な対境」としての体育（運動会）、8)「自発創生的思考力の養成」としての体育（運動会での諸問題の解決）、9)「勝利主義でない純粋な活動の楽しみといった運動精神（スポーツウーマンシップ）を鍛錬する精神第一主義」の体育、10)「他人奉仕、団体奉仕の性格の養成」。

括弧は著者の解釈であるが、麻生は大正後半に惹起した自然運動主義を母体とした体育というものが他の教育科目と同様、全人格の形成に機能すべきだとする体育理念を解析した結果、日本女子大学校の体育は創立以来、その理念に符合することを「斯の如く、新體育の十誡と我校の體育主義とを両々相對照比較すると、我校の體育主義及び運動精神なるものは、最新の體育説に劣ることなきを知ることが出来る。私達は大いに自己を信ずると共に、益々改善に向かつて奮進せねばならぬ。*40」と論じている。そして、そのようにいえるのはあくまで、アメリカの新体育理念との比較であるといいながら、次のように述べている。*41

　尚、此外に最も重要な事は信念徹底である。體育も運動會も、その根本は此信念に帰入するのである。信念から私達の體育も運動會も生まれ、信念によって生命づけられるのであると同時に、體育特に運動會により信念を強め深め、また廣めるのである。要するに私達の學校の教育は信念生活、社会生活、研究生活の三位一體融合の生活教育である。

ここから、教育そのものを多面的で複合的にみることで、「身体の教育」としての体育にとどまらず、「身体を通しての教育」としての体育に拡大して解釈していたことが確認できる。つまり、体育や運動会を身体に関わる教育に限定しない、最終的には人格形成に収斂させていたことが分かるのである。

5) スポーツ対校戦の反対論

　麻生の体育に関する考えは今まで見てきたとおりである。では、体育の教材として使用するスポーツそのものについて、彼はどのように考えていたのであろうか。まず、押さえておかねばならないことは、麻生は、体操が「身体の教育」に寄与し、直結する運動（スポーツ）であることを認識した上で、体操以外のスポーツも教育の手段として用いることができると考えていたという点である。なぜならば、先に見たように新体育を容認し、日本女子大学校の体育は創立以来、新体育そのものであったと言明し、しかもその推進者でもあったからである。換言すれば、スポーツが具備する価値を認識していたということになる。その点での解明をさらに推し進めるために、スポーツの対校戦、いわゆる他の学校との対抗競技についての彼の考えから分析することにしたい。

　1923（大正12）年の『婦人世界』に「女學校生徒對校競技参加の可否如何」[*42]という題目で、女学生の対抗戦についての誌上討論がなされている。いわゆる、学校体育以外で女学生が対校試合を行うことについてのアンケート回答である。高等女学校の校長クラス40人が回答しているが、麻生も回答者の一人として答えている。次に示したように、回答には賛成派、反対派、条件付賛成派がいた。

賛成派：守内喜一郎（奈良女子師範学校校長）、島田繁太郎（大阪府立市岡高等女学校校長）、川崎市蔵（神戸女学院高等女学校校長）、賀須井千（兵庫県立豊岡高等女学校校長）、高柳悦三郎（埼玉県久喜高等女学校校長）、和田豊（神戸親和女学校校長）、渡辺千次郎（滋賀県女子師範学校校長）、田中勝之丞（兵庫県立姫路高等女学校）、岸辺福雄（東洋家政女学校校長）、小林庸吉（愛知県立第一高等女学校校長）、鴇矢忠部（千葉県木更津高等女学校校長）、岡部常次郎（兵庫県立北高等女学校）、久野健三郎（奈良県立御所高等女学校校長）、平田華蔵（千葉県立女子師範学校）、宮田修（成女高等女学校校長）、関

富吉（静岡県立下田高等女学校校長）、山本茂（神奈川県立厚木實科高等女学校）、野村伝四（奈良県立桜井高等女学校校長）、中川精喜蔵（栃木県立足利女学校校長）、島田民治（静岡県立静岡高等女学校校長）。

条件付賛成：坂口燧次郎（静岡県立見付高等女学校）、竹原啓吉（大阪府立三島高等女学校校長）、和田鼎（東洋高等女学校副校長）、市川源三（東京府立第一高等女学校校長）、西田敬止（東京女学館館長）、荒川宗太郎（尼崎市立女学校校長）、丸山丈作（東京府立第六高等女学校）、丹沢美助（群馬県立前橋高等女学校校長）、井上嘉三郎（奈良県立高田高等女学校校長）、大石和太郎（京都府立一女高等女学校校長）、森本正哲（奈良県立五条高等女学校校長）。

反対派：麻生正蔵（日本女子大学校長）、伊賀駒三郎（大阪樟蔭女学校校長）、三谷民子（私立女子学院学監）、三輪田元道（三輪田元三輪田高等女学校校長）、大橋銅造（東京府立品川高等女学校校長）、三宅由太郎（大阪府立河北高等女学校校長）、萩原忠作（京都府立第二女学校）、加畑徳次郎（群馬県太田女学校校長）、大野実（兵庫県立篠山高等女学校校長）。

賛成派は「運動の奨励」、「全校生徒の共同一致の精神の鼓舞」、「責任感の育成」、「各校の親交」、「競技の発展」、「国家的または交際性への発展」、「男子との同等化」、「スポーツマンシップの訓練」などを賛成の理由として挙げている。但し、女学校と中学校の区別への考慮、種目によっては考慮という軽度の条件付けを挙げている学校もある。

条件付賛成は、「記録主義に陥らず、体育向上を主眼とする」、「選手育成のために学校本来の目的が犠牲にならないようにすべきである」、「将来的に

は変更が可能かもしれないが、敵視思想を根絶すべきである」、「精神的、身体的訓練が積まれた上で行うべきである」、「対抗競技は一種の興奮剤である。その量は容態を診察してきめるべきである」などを挙げている。

反対派では麻生が最もその多くの理由を挙げている。麻生以外のものから挙げると「男性の弊を追うべきでない」、「勝負に拘泥し、敵愾心を助長する」、「一部の選手に制限される」などを挙げているが、反対者は女性に弊害がある故、といった抽象論が多いのが特徴的である。しかし、条件付賛成者にも見られたが、「記録主義」、「勝利主義」、「一部選手主義」、「敵愾心の助長」というのが、反対の理由であることが分かる。

そのような中で麻生正蔵は、日本女子大学校では対抗戦の参加要望があっても断じて参加していないと、次のような理由（要約）を挙げている。

1) 女子は女子の身体と精神とに適合した運動、競技、遊戯、体操を行わせるべきである。これは根本原理であり準備である。2) 対抗競技は運動競技そのものを過激にし、健康を害させる。競技を行うには過激なものに興味を抱くので危険である。加えて、女性は感傷的でまじめに責任感を感じるので、過激になりやすく、愛校心、名誉心がほとばしりでる。3) 対抗競技は一部のスターのためにあり、多数のためにあるものではない。さらには商売化（プロ）する恐れもあり、敵愾心を育成する。ただし、この主張には欧米の思想を参考にしているが、実証性、統計上の根拠が欠けるという理由である。

女性がマラソン、ラグビー、ハンマー投げ、三段跳びといった種目に参加する今日的現状からすると、つまり女性の対抗競技が当然となっている時点では、麻生のスポーツ観は決して進取的思考とはいえない。しかしながら、一部の選手に占有されるようなスポーツではなく、多くの人が参加し享受できるスポーツが指向されているのである。今日的表現を借りると、高度の技術や能力を発するチャンピオンスポーツではなく、みんなが楽しめる「ス

ポーツフォアオール」を目指していたことになる。そこには「我校の運動會は此この主義（モンテッソリーの教育主義、パークハーストのドルトン、ラバトリープラン）の下に計劃實施せらるるものである。従って體育奨励のみが目的ではない。實に人格修養が最も大切なる目的である。併し身體強健なることを忘れてはならぬ（括弧は筆者が文脈から挿入）[*43]」と論述している。麻生の「身体の教育」と「身体を通しての教育」の併合された体育観が反映されており、見方を変えれば、まさしく教育者としての視点がおかれていたことを窺い知ることができる。またそのような視点は、アンケート回答の「ダンス流行についての感想[*44]」においても見受けられる。その要旨を簡単にまとめると、「鹿鳴館時代のダンス（ジャズ）は、強いて輸入されたが、今回は人々の欲求が輸入されたもので根付くだろう。しかし、ダンシングホール的であるので風紀壊乱的で淫蕩的なものであり、欧米の伝統的な社交ダンス、教育ダンスは良いが、悪魔的だ」という回答である。ここでも対校戦の場合と同様に教育者の立場が色濃く窺える。

だからといって、スポーツなどの具備する娯楽性を否定していたのではないことは、たとえば以下の箇所からわかる[*45]。

> （身体の強健、増進の目的の他に）然るに、尚其の外に一つの目的がある。それは娯楽生活の機関であると云ふことである。娯楽の無い人生は堪へられぬばかりでなく、實に不完全の人生と云はねばならぬ。（中略）娯楽の如くに、人間の性格に大影響を及ぼすものはない。實に娯楽は人間を善化もするが、又悪化もする偉大の力を有するものである。既に娯楽は人生必須の要件であって、而かもそれは偉大の感化力を有する以上、善感化を興ふる娯楽を選択實行することが必要である。（中略）然るに、指導を宜しきを得たる運動會如きは、實に一擧両得の娯楽機関である。

そこからも、「身体の教育」と共に「身体を通しての教育」の身体活動の先に遠望した教育的意図・人格形成の視座が読み取れるのである。

麻生正蔵の体育・スポーツ観に、出身校の同志社のそれが反映していたことは明らかであるが、換言すれば、同志社創立者の新島襄が感化されたアメリカのアーモスト大学の教養教育の影響である。そのアーモスト大学は教養主義であり、はじめて体育を高等教育科目として組み込んだ大学であるが、そこには教育を知育、徳育、体育を三位一体として見做していた成瀬仁蔵の教育思想と一致するものがある。さらには麻生の「本校の体育は創立以来新体育で、あった」という表現に具象化されている。つまり他の教科と一緒に体育教育を人格形成の一つとして見ていたのである。

　麻生は対校戦を否定したことに象徴されるように、反競技スポーツ論者のように見なされるが、自らもスポーツの実践者であり、スポーツによる娯楽性も容認していた。そこには齟齬が見られる。運動やスポーツを教育の手段として見做すところの教育者としての視点を保持していたため、当時の体育界では、主に「身体の教育」が主要な体育の舵取りをしていた時代に、日本女子大学校の体育は、「身体の教育」と共に「身体を通しての教育」が統合され、実践されていたのである。

●注および引用参考文献

*1　青木生子『いまを生きる成瀬仁蔵―女子教育のパイオニア』、講談社、2001年、pp109-114。中嶌邦『成瀬仁蔵』、吉川弘文館、p116
*2　日本女子大学『成瀬仁蔵著作集一巻』1974年に所収されている「女子教育」には女子教育の方針を冒頭にして、知育、徳育、体育、実業教育について論じてあり、体育に関しても長文の記載がある。
*3　日本女子大学『日本女子大学事典』、2001年、p51
*4　日本女子大学『麻生正蔵著作集』1992年に所収されている1937年に書かれた論文「同志社教育から日本女子大學教育へ（上）」p865
*5　同上「恩師新島襄先生と母校同志社初代を語る」、1936年、p822
*6　秦芳江「新島先生と体育」、『同志社女子大学学術年報』、1974年、p77
*7　同上、p82

*8　同上、p83
*9　木亜鈴（きあれい）とは木製の棒の両端に重い球をつけたもの。いわゆる木のダンベルである。
*10　*6、p87
*11　同上、p91
*12　同上、p91
*13　同上、p84
*14　同上、p94
*15　同上、p98
*16　同上、p99
*17　著者による同志社大学の図書館での調査、検索に基づいている。
*18　松浦政康『世界遊戯法大全』、博文館、1907年
*19　同上、p20
*20　同上、pp4-5
*21　日本女子大学『家庭週報』―我校の體育及び運動に就いて―958号、1928年『家庭週報』は同窓会の機関紙として、明治37年6月25日を筆頭に大正、昭和と発刊されてきた。社会・教育の問題から卒業後の家庭生活へのアドバイスにまで記載され、何と言っても我が国最初の女性による企画、編集、出版されたものである。
*22　日本女子大学『家庭週報』、300号、1915年
*23　*4、p865
*24　同上、pp864-865
*25　同上、p865
*26　同上、pp34-35
*27　同上、p7
*28　同上、p33
*29　同上、p34
*30　同上、p60
*31　同上、p72
*32　同上、pp196-198

*33　同上、p866
*34　同上、p868
*35　同上、p868
*36　日本女子大学『家庭週報』―我校體育方針の一端―　635号、1922年、p1
*37　日本女子大学『家庭週報』、1148号、1932年、p3
*38　同上
*39　拙著「日本女子大学に導入された新体育理念に関する研究」、『日本女子大学紀要』、家政学部、第30号、1985
*40　*21、p2
*41　同上
*42　「女學校生徒對校競技参加の可否如何」、『婦人世界』、19巻6号、1923年 pp114-120
*43　*37、p2
*44　「ダンス流行についての感想」、『婦人之友』、16巻8号、p19
*45　*36、p2

3　日本女子大学校と新体育理念

　わが国は戦後（1945年）になり、民主体育と呼ばれる新体育が施行するようになった。[*1] 既に少し触れたことだが、二代目校長であった麻生正蔵は半世紀も前に日本女子大学校の体育は新体育であったと指摘し、成瀬仁蔵の体育理念もそうであったことを示唆している。[*2] 簡単に言えば新体育とは教師から学習者中心への移行であり、体操からスポーツ中心に変容した体育教育のことである。

　ここでは、「日本女子大学校における新体育はどのようなものであったのか」を論考する。そのために1）米国における新体育はどのようにして勃興したのか、2）成瀬仁蔵の体育観と新体育理念とは関連性があるのか、3）麻生正蔵は新体育理念をどのように解釈したのか、4）麻生の紹介した新体育理念とわが国における新体育の実際はどうであったか、の問題意識を設定した。分析した史料は、麻生正蔵が日本女子大学校機関紙『家庭週報』に発表した論文「我校の体育及び運動会に就いて」である。

1）新体育の勃興と理念

　20世紀の声を聞くやいなや、米国では今までの形式的体操に対する批判が生起した。批判の先頭に立ったのは、ウッドやヘザリントンらの体育学者たちであった。彼らの思考の根幹になっていたものは「自然活動」（Natural activities）であった。[*3] つまり人為的で型に嵌った運動や体操から人間の本性に近い自然な活動を体育に取り入れようとしたものである。

　ところで、今日では遊戯やスポーツを中心とする体育が普通のように思われているが、遊戯やスポーツを中心とする体育が現実化されるまでには、長い年月を要したのである。たとえば、ウッドは明治26（1893）年に早くも、今までの「身体の教育」から「身体を通しての教育」へと体育が移行すべきであることを次のように述べている。「体育で重要なことは、身体そのもの

の教育ではなく、身体訓練を完全な教育に関連づけることであり、したがって、身体をつくるということは、環境、訓練、教養において個人の生活に十分な寄与をなすことである」。この考えは、ドイツ体操やスウェーデン体操を中心に据えて、身体のみをつくることを意図した「身体の教育」からの脱却であり体育史上、画期的なことであった。また、たとえ20世紀になるまでに、スポーツが奨励されている場合でも、スポーツは主に学習者のストレスを発散させるといった発散説に留まっていたのであった。加えてスポーツは怠け者や粗暴な者が行なう身体運動という評価が賦与されていた。こうしたスポーツに対する悪評は、教育の場面ではなかなか払拭しきれずにいたのである。とはいってもすでにJ. H. ペスタロッチやF. フレーベルらによって起こされていた開発主義教育がジェームス、ホール、ソーンダイクらの教育思想家の中で、心理学的なアプローチを介して醸成され認められるようになっていた。

　具体的には学習者の本性を理解して、その興味に視座を置いた興味中心教科（美術、音楽、手工など）が注目されるようになっていたのである[*4]。これらは新教育と呼ばれ、カリキュラムや教材中心の教育から学習者の心性に配慮した教育へと転移し始めていたのである。心理学の他にも、社会と結びつけて子どもの社会的意識を発達させることに意が注がれるようになっていた。この促進者として、デューイ、キルパトリックらを挙げることができる。教育界の変容に体育界も呼応して、新しい体育の必要性が研究されるようになったのである。その契機を作ったのはヘザリントンであり、この世にはじめて、"New physical education" という名称を提供した。それは明治43(1910)年のことであった[*5]。後半に問題とする麻生の論文に引用する「新体育の十戒」なるものは、昭和2(1927)年にウッドとキャシディの二人の共著である"New Physical Education"の一部分であると思われるが、その本によって、新体育運動は力を得て、理論を確固たるものとした。以上、新体育理念の勃興について素描してきたが、つぎに、新体育理念とはどのような特徴を持っているのかについてに触れたい。

ウッドは、「身体の健康を直接に目的として運動するよりも、むしろ活動の副産物である時の方が達成できるだろう。また教育学的にも受け入れられる計画を示すとき、体育が全体としての教育、他教科やその部門と有機的に関連することができる。[*6]」と述べている。この考えは、体育が他の諸科学と無関係でなく、むしろ相互に依存し連動していることを示したものといえよう。また、新体育という名称をはじめて使用したヘザリントンは、「教育に重点を置き、精神だけでなく、有機体全体の活動が教育的動因であるという意味で、体育は身体（Physical）であるという理解の上にたって、前記の解釈は新体育と呼ぶべきである。…この主張の背景には、教育は身体のためでも、精神のためでもなく、教育活動によって発達させられる人間の全能力のためのものであるという考え方がある。[*7]」と述べている。彼の場合も、ウッドと同じように、体育を教育の一部という全体像で見ると同時に、人間そのものを身体的・精神的なトータルな存在として把えているようである。人間を全人（Whole man）として規定し、そこから体育のあり方を決定する考えはJ. F. ウィリアムズによって[*8]、さらに整理されたように思う。

　二人の考えを参照しつつ、新体育理念の要点をまとめると、体育を教育の一分野として位置づけ、他教科との関連性があることを示めしたこと。人間を心身一元論的に把え、体育が単なる身体のみの教育であることを打破したこと。開発主義教育に啓発されて学習者中心の体育を考えたこと。体育が社会性の育成を大きく担うことなどを指摘したことである。しかも、心理学、社会学、生理学などの科学的研究によって裏づけられることを明白にしたことである。

2) 成瀬仁蔵の新体育理念

　ここでは麻生正蔵が、成瀬の体育観が新体育理念と類似していると評しているが、いかにして成瀬の体育観が新体育理念的に形成されたのかを見ることにする。成瀬は明治29（1896）年に『女子教育』という本を上梓しているが、その冒頭の例言に在米中に援助を受けた人々として13名を挙げている。そ

の中にはハーバード大学の体育部長であったサージェントとスプリングフィールド体操学校校頭であったギューリックとが名を連ねている。[*9] 成瀬の体育観には二人が何らかの形で関与していると考えられるので彼らについて触れてみよう。

　成瀬は1890年から4年間、米国に滞在した。サージェントは、その頃ハーバード大学に勤務し、体育の研究家として名声を博していた。彼は"Physical Education"[*10] という論文の中で、身体訓練は（1）衛生的目的、（2）教育的目的、（3）休養的目的、（4）治療的目的があるという。これらは成瀬が体育の目的として掲げた、身体の健康、身体の教育、身体の休養に酷似する。[*11] ただ成瀬の場合は、身体の健康の達成方法として、衛生体操と治療体操を挙げているので、サージェントの4つの目的より1つ少ない3つの目的になっているものの、ほぼ同じであるといえる。サージェントは医学博士であったことも手伝ってか、体力や体格の測定に力を入れている。そうすると、サージェントの体育法はどちらかというと、医学的な体育法に重きがおかれていて、成瀬が新体育的な考えを学ぶことは困難であったと推察できよう。

　ギューリックの場合はどうであろうか。今日では、彼はスポーツを通して教育を試みるスポーツ教育の先駆者として評価を受けている。たとえば、ギューリックは明治23(1890)年に、YMCA競技連盟に対して5種目のスポーツ競技を提唱している。[*12] 青少年教育に大きく貢献したYMCAにスポーツによる教育を根付かせようとしたのである。またギューリックがオベリン大学に勤務していた時期にウッドも同大学にいたとされているので、彼はウッド[*13]の新体育理念形成に何らかの影響を与えたものと考えられる。同じようにギューリックから成瀬は新体育的な発想を学んだと思えるのである。成瀬が視察した大学の1つであるスミス女子大学では明治22(1893)年にバスケットボールのクラス対抗試合が行なわれている。そして女子バスケットボールが全国に拡がる契機をつくったとみなされている。[*14] その事実は、成瀬が日本式バスケットボールなるものを考案して、日本ではじめてバスケットボールを行ったことを彷彿とさせてくれるばかりか、その米国での体験は、新体育

的理念の形成に役立ったといえよう。しかし当時の米国の女子大学について、Ⅰ章の再掲を含むが、成瀬は次のように述べている。[*15]

　　ウェルスレー女子大学を始め、凡ての女子大学には魏々として青空に響ゆる所の宏大美麗なる体操場の設けありて、万端の器械完備せざるものなし。今日に至りては、兵式体操を女子に課する学校あるを見る。亦盛んなりといふべし。されども、大抵の女子大学、例えば、バーサー、スミス、ウェルスレー、プリンモーア、ホリヨーク、等の女子大学は主として瑞典式体操及び各種の遊戯体操を採用す。又往々仏のデルサート式を用ふるものあり。是寧ろ女子に適する所多ければなるべし。各女子に於ては女医数名あり、日々女学生の体育に心を注ぎ各自に適宜の忠告を与へ、且つ衛生、生理、解剖の学につき講義を担任す。毎年四月以降に至りては、大学女性は遊戯場に於て遊泳、競舟、又はテニスに従事し、或は植物学、若くは地質学の如き戸外課目を毎日一時間宛勉強するを例とす。

　この文から、やがて生じる新体育の理念によって批判される、ドイツ体操やスウェーデン体操がいまだ体育の主流であり、兵式体操までもが行なわれていたことは、現実的には成瀬が滞在中の米国は、新体育以前の体育であったといえるだろう。ただ、米国の体育を成瀬はドイツ体操の倦怠性、英国の競争遊戯（スポーツ）の粗暴性、スウェーデン体操と仏国体操（デルサート式）の運動不足の短所をそれぞれの長所でもって、補った体育として評価しているので、[*16]成瀬の目に写った米国の体育は、徐々にではあるが新体育誕生の土台をつくりあげつつあった時代といえよう。上述してきたように、成瀬は接したギューリックによって、あるいは各大学の体育の見聞によって、一斉指導的な体操を施すことよりも、スポーツを十分に採り入れた体育を遠望する視線が与えられたのではなかろうか。

　もちろん成瀬は体育研究者以前に教育研究者であった。その意味で成瀬の

教育観そのものを省みることも重要であろう。結論的にいえば成瀬はペスタロッチ、フローベル、デューイらの考えに浴しており、鋳型主義教育や受動主義教育、すなわち新体育理念とは真逆の教育批判へと傾斜し新体育への思考を深化させたものと思える。

3）麻生正蔵による展開

　麻生正蔵は、成瀬の跡を継いで大正8（1919）年に2代目校長となった人である。彼は成瀬の協力者であり理解者であった。彼の新体育理念を知るために「我校の体育及び運動会に就て」を論考する。その論文の構成は、1祝意を籠めた運動会、2米国新体育の勃興、3新体育の十誡、4新体育の十誡と我校の体育主義、5教育の根本生命、の章立てになっている。

　関連する2の「米国新体育の勃興」では、まず知育、徳育、体育の中で、知育よりも徳育と体育はその進歩が遅れていること、特に、体育に関してみると、表面上は「競技の隆盛」から察して、近年非常に発達しているようであるが、内容実質上体育は、三育の中でもっとも発達が遅れているのではないだろうか、と疑問を投げかけて新体育を志向しながら、次のように述べるのである。

　　併しそれにも拘らず最近に至り、米国には自然運動主義の新体育が唱道せらるゝに至り、大に体育の進歩を促がしつゝある。その主唱者はコロンビア大学のウッド及びウィリアムス両教授である。今此の新体育説の主張する要点はその『体育の十誡』なるものゝ上に表現されて居る。之れ最も進歩した体育説の代表であるが、我校の体育上の主張はそれと符節を合するものが存在するのである。

　麻生が紹介している「体育の十誡」は、ウッドとキャシディが昭和2（1927）年に著した"New Physical Education"の1つの章である。小田切によると体育の原理論として書かれたものであると述べている。[*17]すると、麻生は何か

の形でこの本に触れており、解釈を試みたと思われる。麻生がその名前を挙げているウィリアムズも、1927年 "The Principles of Physical Education" という本を著しているが、この2書は「身体の教育」から「身体を通しての教育」の理念を確固たるものにしたばかりか、ごく最近まで、体育原理の主導的な働きをしてきたのであった。さらに上乗せするならばウィリアムズこそがウッドの思想の完成者と見なされているので、麻生は米国の新しい体育理念の動向を学び、摂取していたことが窺える。[*18]

さて新体育学説と符合すると指摘された日本女子大学校の体育とはいかなるものであり、何ゆえに符合するといえたのであろうか。麻生は米国の新体育の十誡を掲げたのちに、それぞれに沿って、次のような比較と説明とを行なっている。[*19] 少し長くなるが、以下に引用する。

　第一に私達は我校の教育上の主義精神方法は宇宙人生の真理に根底を有するものであると確信するも、決して真理の全体を掴み蓋したとは思わないのであって常に宇宙生命の進化発展の理法を発見して、それと融合一致した進歩主義の教育を施さうと心掛けて居るのである。従って我校の体育も亦同一の理想の下に、進歩改善に怠らない覚悟である。只現実が意のまゝに発展しないのを遺憾とするのみである。

　第二に私達は我日本には国状民情に適した体育を発見し、最も日本人特に日本婦人に適切有効なる体育を施行すべきであると確信するものである。それ故に、私達は我校創立前より我日本には是非共日本体育を創始せねばならぬ。それには日本体育研究所を創設し、それに附帯して体育教師養成所及び体育館を設置すべきを首唱したのである。勿論私達は西洋各国独特の体育を採用することを拒絶するものではないが、採用するにしても常に我国状民情に適するや否やを考慮せねばならぬのである。斯様に私達は自主的体育を主張すると同時に採長補短をも怠らないのである。現に私達の運動会のプログラムの内にはさう云ふ主張が実現されてあることを喜ぶものである。

第三には私達は第一項で述べた通り、進歩主義教育を主張する以上、私達は日進月歩の科学的知識に反してはならないのみでなく、最近に至り、進歩発展を遂げつゝある教育学説と一致するものであらねばならぬと思ふのである。特に体育を凡ての教育から分離した様に考へ、又は取扱ふ所の旧式体育は何所迄も排斥せねばならないのである。体育は決して身体を通じての全人格の教育であらねばならぬ。人格教育を主目的としない体育は無価値の体育と言ふべきである。勝敗を目的として競技に没頭するが如きは、人格を害するも甚だしいのである。
　第四には私達は児童や学生を心身渾一体と見るのみでなく、知、情、意渾一体と見て、之を取扱ふのである。換言すれば、児童や学生を知的、社会的、道徳的、美的、身体的の諸性質の全一体と見て、全人格の調和統一的発展を謀る様に教育すべき努力して居るのである。
　第五には私達は人間の教育はその根本動力である本能に正常の満足を味はしむる必要を信ずる者であるが教育によりて最も重んずべき本能は人間の団体生活や国家生活や、社会生活並に人類生活の進歩向上に有益なる本能を培養せん事に努力して居るのである。
　第六には私達は児童や学生を家族や団体や国家又世界の価値ある一員たる公民として教育することに主力を傾注し、利己的個人主義を極力排斥して来たのである。
　第七には私達はさういう教育は実生活上に出現する具体的封境に処して社会的価値ある生活を体験せしむるのが最も有効である。然るに体育は此の目的を達する最も有効なる教育法であると私達は信じて居る。我校の運動会は特に此の目的を実現する最も適切なる自然的して具体的なる社会的封境である。
　第八には私達は体育も亦自発創世的の思考力を養成すべきを信じ凡て運動会の如きは、その組織やプログラム等万事悉く学生、特に最上級生をして責任者として、その衝に当らしむるのである。それ故に実際問題に接してその解決を試みる機会が豊かに与へられ思考力の培養鍛錬が期

せらるゝのである。

　第九には私達は容易に病気を侵されず、容易に疲労しない体力と健康とを養ふと共に、勝って誇らず、負けて悲まず、勝敗を超越し技を楽み、芸に遊び、活動を喜ぶ運動精神を錬磨し、精神第一主義の体育を主張し、実行して居るのである。対抗的な勝敗的な競技は我校の取らざる所以も亦此所に存するものである。少数の優秀なる運動家を造るのに弊を避け、凡ての学生をして本当の体育を尊重し実行せしむる事を主張する所以も亦此処に存するのである。

　第十には私達は体育によりては他人奉仕、団体奉仕の人格の養成に力を注いで居るのであるが、特に運動会によりては最もよく比の幸福なる人生になくてはならない忘我的の愛の他人奉仕、団体奉仕の性格を涵養することの出来ることを信じ、実行し、体験して来たのである。此の一点は我校教育上最も大切な所である。

　麻生はさらにまとめとして、日本女子大学校の体育は新体育理念にまったく劣っていないと述べている。また「新体育の十誡」と比較した上でのことであるが、この他に最も重要なことは「信念涵養」であるという。その信念によって体育も運動会も生れるのであり、逆に、体育と運動会によって信念が強められ、深められ、広められると述べている。ところで、その信念とは、「人の生活の基準に関する確信にして、一切行動努力の理由と為る所の精神」[20]と成瀬はいっているが、生活上の基準であり道徳実践の動力となるものと言えよう。麻生の論文で、まず注目できることは、新体育理念と日本女子大学校の体育とを比較したことである。次に信念徹底、自発創生、共同奉仕[21]という成瀬の教育観に新体育理念が一致していたということを指摘したことである。最後に当時の体育研究者がまだ積極的に新体育理念を紹介していない時代に紹介したことであろう。

4）我が国における新体育の実際

　先に触れたように、わが国において新体育が実質化されて、新体育に関する研究がされるようになったのは、第2次大戦後のことである。前川も「遊戯やスポーツを取り入れた時代から、新体育の芽生はみられる。わが国では、大正の後半からそれが現われてきつつあったのであるが、これを真に妥当なものとして認めるようになったのは少なくとも戦後である。[22]」と述べている。では大正の後半の新体育とはどのようなものであったのであろうか。そのことについて、今村は「大正から昭和にかけては、教育の方法上にも大きな変化があらわれ、生徒、児童の自発活動を中心とせよという主張が活発に展開せられた。もちろん児童本位の教育の必要は決してこの時代にはじまった訳でなく、早くから紹介せられたルソー、ペスタロッチの下流に立つデューイの教育思想にもこれを学ぶことができるのであるが、それらが教育の方法に大きく影響するようになったのはこの頃とみてよいであろう。[23]」と述べ、体育そのものについても、「このような教育上の主張は、体育の方法にもかなり影響を与えた。たとえば、これを体育の教材についてみると、号令や示範による体操から、創意工夫を必要とする自主的活動としてのスポーツ、遊戯へと興味中心がうつり指導の方法からみると、注入式、強制的な指導から課題式、開発式指導へ発展した。[24]」と述べている。前川が指摘した大正末期に生起した新体育とは、今村が説明をしたような時代的状況で生れたものであり、麻生の新体育の紹介もそのような潮流の1つとして位置づけることができるであろう。ある面で、自然な形で生起しつつあった新体育も満州事変にはじまる戦時体制への移行により、徐々に姿を消すこととなる。よって戦時体制が崩れた第2次大戦後に再び登場した訳である。前者の場合、新しい教育思想の下で生起した自然発生的なものであるが、後者の場合は、戦時の国家主義的、軍国主義の反動、しかも米国の占領政策の一環として起ったものであった。[25]その意味で日本女子大学校のそれは前者によるものと言えよう。

　成瀬は教育思想に自動・自行の思想を保持していた。つまり学習者中心主義である。それは新体育理念の根幹である。したがって麻生のいうように、

日本女子大学校の体育は創立以来新体育であったのである。

●注および引用参考文献
* 1　前川峰雄『体育入門』、金子書房、1952、p114
* 2　日本女子大学『家庭週報』、1928、p956
* 3　Ray O. Duncan. & Helen B Watoson. *Introduction to Physical Education*. The Rpnald Press. 1960. p31
* 4　D. B. ヴァンダーレン、B. L. ベネット（加藤訳）『世界の体育史』、ベースボールマガジン社、1971、p21
* 5　同上、p422
* 6　同上、p426
* 7　同上
* 8　J. F. Williams. *The Principles of Physical Educaion* W. B. Sunders. 1927
* 9　日本女子大学『成瀬仁蔵著作集』第1巻、1974、p32
* 10　＊4、p388
* 11　＊9、p139
* 12　＊4、p417
* 13　Harold M. Barrow. *Man and His Movement*. Lee & Febiger. 1971. p6-7
* 14　＊4、p412
* 15　＊9、p137
* 16　同上、p137
* 17　小田切毅一「ウッド／キャシディ『新体育』」、松田岩男・成田十次郎編『身体と心の教育』、講談社、1981、pp153-174
* 18　Harold M. Barrow. op.cit. p68
* 19　＊2
* 20　日本女子大学『成瀬仁蔵著作集』第3巻、p151
* 21　日本女子大学の教育方針を示した三綱領。
* 22　＊1、p114
* 23　今村嘉雄『日本体育史』、不昧堂出版、1970、p553

*24　同上、p554
*25　城丸章夫他編、『戦後民主体育の展開』、新評論、1975、p12

Ⅲ章

成瀬仁蔵の体育・スポーツ観の展開

1 課外体育「体育会」の誕生

　日本女子大学校の体育は、創立初期より創立者成瀬仁蔵の考えに従って力が注がれてきた。それを担ってきたのは平常時の正課体育と運動会であった[*1]。そして、ここで取り挙げようとしている「体育会」もまた日本女子大学校の体育の充実、発展に寄与した組織として見なすことができる。今日では大学における体育会というと、スポーツ同好会やスポーツサークルとは異なって、全国的レベルの連盟に所属し、他大学との対校試合で覇権を争うものを指すが、日本女子大学校創立期の「体育会」はどのようなものであったのであろうか。分析のため準拠した基礎史料は、明治36(1903)年に発行された『日本女子大學校學報』[*2]に掲載された「本校の學校體育一斑」(著者、平野はま[*3])と、翌年の「我が校の體育」(著者、M・M生)とである。また、その他当時の日本女子大学校の体育状況を裏面的に見るのに恰好な史料として日本女子大学校の機関紙『家庭週報』を適宜参照した。

　まず、基礎史料として使用した二つの論文の著者である平野はまとM・M生に関して触れておこう。平野は日本女子大学校の卒業生ではなく、横浜にあったミッション・スクールであるフェリス女学校の卒業生である。当時の日本女子大学校の教員一覧表によると、もともとは体育以外の課目である生物と数学の教師として名を連ねているものの、デルサート式体操の指導にも当たっている。また13回生の卒業生の須田清子の回想によると、平野[*4]が運動会についてよく発言したことやその言動振りから体育においてはかなり重要な位置を示していたことが窺える。しかも寮監の一人であったのであるから学生への影響力も甚大であったのであろう。一方M・M生のイニシャルの人物は、同じ教員一覧表と初代体育教師の白井の記したもの[*5]を見ると、英文学の松浦政泰だと言えよう。彼は同志社英語学校を卒業し、同志社女子大学校の創立に尽力した一人であった。そこに12年間勤務した後、親友とされる日本女子大学校2代目校長麻生正蔵と共に成瀬仁蔵を援け、日本

女子大学校の創立にも貢献したのであった。秦芳江は、松浦が同志社時代から体育に興味を示し、彼が影響を及ばした同志社女子大学校の運動会は、後年日本女子大学校の運動会の原型になったと述べている。彼は大著『世界遊戯法』*7などの遊戯に関する著書に認められる程に、体育・スポーツに関する卓抜した知見を持っていたと考えられる。また秦芳江は成瀬の体育重視には松浦の考えが大きく作用していると指摘する。麻生との系譜、運動部長であったことからすると頷ける部分もある。しかし、I章、II章でも述べたように、成瀬の体育重視はアメリカで既に胚胎していたと思われる。

1)「体育会」誕生の契機

体育会というのは、今日でも使用される言辞であり課外のクラブ活動の組織体である。すでに男性の高等教育機関では設置されていたのだが、日本女子大学校の体育会はいかにして誕生したのであろうか。それを知るために、当時の日本女子大学校の体育状況を確認しておく必要があろう。日本女子大学校の正課（授業時）体育は運動会を最終的な発表の場としていたので、運動会を見れば正課体育の内容が理解できるのである。創立時から行われた運動会は、回を重ねる毎に充実し、やがては東京名物の一つにまでなっていた。運動会の狙いは「自治・自動の精神を涵養すること」にあった。また、その後の運動会のプログラム構成・設備などの基礎をなしたといわれる明治35(1902)年実施の第二回の種目は、「美なる表情体操」「巧妙なる技術遊戯」「活発なる競争遊戯」の3つにまとめることができ、それぞれの代表的な種目は表現的な「ダンス」、「自転車」にみられる技術的運動、「バスケットボール」の競争スポーツである。繰り返すが運動会は正課体育の発現の場であったのだから、正課体育ではそれらの三つが基幹を占めたと言えよう。

次第に、学内外の人々の関心を集めた運動会と平常授業時の正課体育は、その担い手でもある生徒達の体育・スポーツ熱をさらに促進することになった。遂には「…新たな女子ベースボールに熱中する階級あり、或はホッケーの設備を学校に迫るものあり、又正午の休憩時に、団体を組んで、ダンスを

練習するのを見受けることも少なからず、自転車の如きテニスの如き、忽ち数多くの新希望者を生じて、従来の倍数を示すに至りぬ。」[*10]というほどまでに関心が高揚し、正にスポーツ・ウーメンでグランドは埋め尽くされたのである。そうした運動場での情景描写は明治36 (1903) 年のものであるが、翌年になるとさらに激化して「創立以来課業としても又課業以外にも、大に体育を奨励し来りしが、烏兎匆々早く三年の経験する必要を感ずるに至り、終に今回左の規定を協定したり。」[*11]と松浦が述べているように、学生たちの動きを統一し秩序あるものにするために、その母体たる組織の編成が要望され、体育会が誕生するに至ったのである。

　先述した点を平野の「本校の體育状況一斑」[*12]で詳細に確認すると、体育は大きく三つに分岐できる。すなわち、容儀体操、教育体操、競技体操との三つである。容儀体操として用いられたのは、仏国のデルサートが考案したデルサート式体操が主要なものであった。この体操は優美さを表現することを特徴としたものである。そもそも容儀[*13]とは、「人の前でとる正しい姿勢・振舞い」であり、茶の湯や女礼式などにも求められたものである。実際、デルサート式体操と共に茶の湯が容儀教育の教材となっている。教育体操としては自転車と薙刀が挙げられている。自転車の数は学校と寮舎のものとを合わせると10数台があったという。まだまだ自転車に乗ることに関しては是非論がかわされていたようだが、運動会において伴奏と共に自転車に乗った学生が入場し、球拾いの競争に興じる高尚優美な姿と妙技を披露した。それらに多くの人々が魅了され、やがては反対派も女子運動の一良策として認めざるを得なかったようである。欧米の「新しい女」と揶揄される人々が自転車に乗っていたことと重ねると、日本女子大学校には多くの「新しい女」が胎動していたことになる。事実、「新しい女」運動の平塚らいてうは自転車乗りに興じる人々を目撃していたのである。この点は後の「平塚らいてうと体育・スポーツ」で取り上げることにする。薙刀の実施については以前より要望が高く、この年に開かれ、武甲流の矢沢いさ子が指導していた。最後に遊戯体操としてはローンテニス、女子ベースボール（竿毬）、スカーフなどが実

施されていた。これらの種目は、自主的かつ楽しく活動しているうちに、身体の育成と共に精神的疲労の削減という狙いが期待されていた。しかも敏捷な動きを習得することで動作も優美になると考えられていた。この他一般的体操としては普通体操とスウェーデン体操が採り入れられていた。また、寮においても衛生係と呼ばれる人々が適宜体育を実践していた。たとえば冷水摩擦、亜鈴体操などはその一例である。とにかく各種の身体運動はあらゆる場で学生自身の中から盛り上がり拡大を見せたのだが、正課体育とは別に、教育的意図の下で統一と秩序を与えるべく課外体育の体育会が設置されることになったのである。次にその構造と機能を示すことにする。

2) 構造と機能

まず、体育会の総則的な規約を紹介することにする。

体育会規約[*14]

一、本会を日本女子大学校体育会と称す。

一、本会の目的は、本邦女子の体育を研究し、本校生徒の体操遊戯を奨励するに在り。

一、本会は、次の人々を以て組織す。

　　一本校運動会長　一運動会委員　一運動会顧問　一校医

、目下本会に容儀体操、教育体操、競技体操、園芸牧畜の四部を置き、其の下に次の会を設く。

（一）容儀体操部（1）デルサート会（2）ダンス会

（二）教育体操部（1）自転車会（2）薙刀会

（三）競技体操部（1）ローン・テニス会（2）バスケットボール会（3）ホッケー会（4）ゴルフ会

（四）園芸牧畜部（1）園芸会（2）牧畜会

但し会員協議の上、漸次部数又会数を増加せんことを期す。

一、各会の規約は、各部員協議の上、本会の認可を得て、之を定むるも

のとす。
一、毎年三回、十二月二月六月を期して、学校に一日の休課を請ひ、各部総合の運動会を校内に開く。
一、会員中より会員一名と各部の部長とを互選し、其任期はいづれも１ヶ年とす。
一、会長は各部の統一を計り、部長は其部に属する各会の統一を計りて、各本会の目的を達せんことを勉め、又本校運動会長を助けて、春秋二季の運動会の成立を計るものとす。

此の会は、課業以外の各種体操と、遊戯とを統括する主脳にして、目下之に属するもの四十会あり。

この規約から分るように、体育会は体操と遊戯とを奨励し、正課外時の体育を統御すると共に秩序あるものとしようとした組織であった。今日風の表現をすれば「課外クラブ活動の総括的機構」と言えよう。この体育会の機構を見て興味を惹く一つとして「校医」が組織の構成員として加えられていることである。その発想の源泉には、松浦の論文の前半を占有している叙述や成瀬仁蔵が米国滞在中に出会った女子大学の体育事情に散見できる。たとえば、松浦は先の論文でスミス女子大学のプールや体育館などの充実した設備について、ウェルズリー女子大学の校医と身体検査医と体育館長と能弁術の教授とによって組織された「体育会」(Board of Health) について述べている。このような米国の女子大学の体育施設や体育会制度が日本女子大学校の体育会設立の参照になったのは明白であろう。さらに学校医をおいたという点に体育会が生徒達の恣意的な団体でなく、学校があくまで統括しようとした団体であったことが窺える。園芸牧畜部の存在も興味深い。明治38 (1905) 年5月の『家庭週報』によると、「卒業後にはテニスやバスケットボールなどを行なう機会もなくなるであろう。だからせめて家庭でできるもので、しかも体を動かすのに大変役立つものとして園芸牧畜が考えられていた」[15]とある。

これは将来の生活に役立つ身体運動が考えられていたということ、牧畜や園芸といった身体活動までもが体育的概念に包括されていたのである。

次にそれぞれの会の種目について述べると、ローンテニス会は創立後間もなく始められたようで、その推進者は後述する国文学教授の塩井正男と松浦であった。テニスコートは校内に一面、寮に二面あったが、それでも不足し新たに三面が作られようとしていた。テニス会は当時のテニス界の第一人者であった"ワルトン（1884年第1回ウィンブルドン大会で優勝した英国の選手）"に因んで、「ワルトン嬢の卓号は誰が頭上に落つるをや」という声が上がる程に学生の関心を惹いた会であった。会員数は大学生86名、高等部88名だったという。会員達は20名ぐらいを一組としたグループに分けられて研鑽を積んでいた。各期に1回ずつの競技会があり、その勝者のみが春秋運動会に出場できた。

デルサート会は創立と同時に実施された。この会の指導には平野が当り、毎回の運動会ではいつも好評を博していた。日本女子大学校の運動会は華美過ぎると批判される反面で優美であるとの評価も受けていた。その批評の標的は運動会全体というよりも、デルサート式体操や表情体操に向けられていたのかも知れない。会員は目下30名と記されている。バスケットボール会も創立後間もなく実施されており、運動会では最高の呼び物となっていた。規則はあくまで日本女子大学校が更訂を加えたもので「日本式」バスケットボールと呼ばれていた。会員は26名であったという。自転車会は創立時、つまり明治34（1901）年以来実施され、後で取り上げる「自転車会規則」にあるように、体格検査や自転車に関する学科的試験が厳重に実施されていた。他の会とは異なり自転車に乗ることによる安全性、技能性などが懸念されていたためであろう。自転車を大いに奨励したのは成瀬校長や多くの教諭達であったという。卒業生出野柳子は昭和10（1935）年の『家庭週報』の中で、「成瀬先生、麻生先生、松浦先生が自転車で玉すくいの競争をなさった」[*16]と回想している。会員は大学生と高校生を合せて200名を越えたというのであるから大変な人気であった。次の自転車会の規則を見ると工夫が施され、細心な

注意と共に教育的な配慮がなされている。

　自転車会規則
一、会員は本校生徒にして個人若しくは共同に自転車を所有する者に限る。
一、会員たらんと欲する者は、先ず本校々医の体格試験を受け、尚ほ校長著作の「女子教育」中の体育部と、本会編集の「自転車心得」とを一読して試験を受くるを要す。
一、乗車の巧拙に由て、段等を分ち左の三段とす。
　一段（一）二間離れの千鳥を両手にて往復すること。（二）三尺幅の場所を、二度通過すること。（三）置物をとること。
　二段（一）二間離れの千鳥を片手にて左右各二度づつ四回通過すること。（二）棒又はラケットにて、左右三度づつ懸垂物を打ち落すこと。（三）左右一度づつ紙又は布の細片を、高く張れる網に投げかくること。（四）長き竹竿を地上の穴に樹てること。（五）直径一間半の円を書くこと。
　三段　両手を離し写字其の他の演技をなすこと。
一、各部総合運動会のとき、試験を行ひ、会員の段等を定む。
一、二段三段の資格を有するものあらざれば乗車外出し、又春秋二季の運動会に於て演技することを許さず、但し外出は大学生徒に限る。
一、乗車の際は必ず袴と靴を穿つべし。
一、容儀も行為も総て優美を旨とし乱暴がましきことあるべからず。
一、幹事五名を置き会務万般の事を弁せしむ。

　薙刀会は明治36（1903）年の９月より実施され、先に触れたようにその教師には武甲流の達人と言われた矢沢いさ子が当った。志願者が殺到したらしくて大学３年生だけに限定した。国策として武道を強化していた時期だけに、その繋がりが髣髴させられる。ホッケー会は明治37（1904）年より英文学の

フィリップス女史が当った。フィリップスについては「成瀬仁蔵の体育・スポーツ観を展開した人々」で再登壇させる。母国英国での経験を生かしたものと思われる。ダンス会は体育会の中では発足が遅いものであった。他校のダンスと比較して「…他校の軽妙なる蝶の飛ぶに擬し、我校の遅鈍なる竿虫の這ふに比したり」と松捕が酷評しているように研究の余地を残すものであったようだ。この会の指導に当ったのは平野と数学担当の佐野教諭、そして雛田教諭であったという。会員は 232 名だったというからかなりの会員数だった。

最後にゴルフ会は近日中に組織されようとする種目だった。これに当ったのは渡瀬という外部講師であった。あくまで設置予定だったのであり、試みであったとしても日本体育史上でも画期的なものであったといえるのではなかろうか。因みにわが国のゴルフの始まりは明治 28 (1895) 年であったされる。一般に殆どのスポーツは学校から社会に伝播したのに対して、ゴルフは社交スポーツとして社会から展開したという逆行した点を勘案すると、日本女子大学校で実施されようとしたゴルフは、体育史界では重要な意味を持つものとなる。[17]

3) 体育会の推移

体育の 10 年後はどのようになったのであろうか。創立から 10 年を経た明治 44 (1911) 年の体育会の姿を、10 周年記念として刊行された『日本女子大学の過去現在及び将来』を参照して眺めてみる。[18] 10 年後の体育会はバスケットボール部、テニス部、蹴球部、薙刀部、自転車及び自転車打球部、ダンス部、ピンポン部によって構成されている。はじめて体育会が設立された時と比較すると、デルサート会、ホッケー会、ゴルフ会がなくなり、新たに蹴球部とピンポン部が加えられている。しかも会ではなく部である。運動会で実施された外来スポーツを調べると、[19] ホッケーは明治 37 (1904) 年と翌年の運動会時にしか見当らない。ということは体育会発足時には実施されていたが、その後は廃止されたということになる。ゴルフの場合もあくまで体育会の中

に設置予定であり実際的に行なわれたか否かさえ不明である。ゴルフが広大な空間を要することと打球の方向によっては危険であることからすると実施の困難性が浮上する。ホッケーの場合も用具を調達するのに難渋したという。逆に新たに設置されたのは蹴球とピンポンである。蹴球とはサッカーに該当するのであるが、実施した状況のことを拾い上げることはできない。ピンポン、つまり卓球に関しては早くから『家庭週報』の「ピンポンの仕方」で紹介されており[20]、多くの学生が認知しており実施されていた可能性が高い。他に気づくことは10年前までは重要な会であったデルサート会が体育会からはなくなっていることである。但し体育会からは姿を消すものの運動会では実施されている。同型のダンス会は依然として体育会に名を連ねている。表現運動の後継ということで一本化されたと思われる。

　かくして体育会に採用された運動種目は流動的であったことが分かる。時代的要望、指導者の問題、費用の問題、スペースなどによって変容したと思われる。そうした中で継続されたものの第一は、日本式バスケットボールであった。日本式バスケットボールと称される程に、日本人女性用に改良されていたこと、創立者の成瀬の考案ということで尊重されたこと、何と言っても学生が関心を抱いた「競技スポーツ」であり教育的効果を挙げたということではなかろうか。

　体育会で磨かれた技能は競技会と運動会で披瀝された。競技会と運動会は日本女子大学校の教育目的に接近するために意図された教育的装置であったのだから、成瀬が掲げた「信念徹底」「自発創生」「共同奉仕」を達成することを遠望していた。体育会の成果は決して運動会の予選会に益するものではなかったのであり、とりわけ自己教育の中の「自動」を標榜していたのである。体育会が正課体育でなく課外体育であったのは、そこに意義があったのである。

●注および引用参考文献

*1　馬場哲雄、石川悦子、『日本女子大学の運動会史』、日本女子大学体育研究室、1982、p7

*2　『日本女子大學校學報』は明治36（1903）年から翌年まで4号が発行されている。論文をはじめ創立初期の様子を知るには格好の機関紙である。

*3　拙著「日本女子大学の体育発展に貢献した人々その1」、『日本女子大学紀要』、家政学部、第32号、1985

*4　日本女子大学『家庭週報』638号、1921

*5　日本女子大学『家庭週報』1288号、1935年の中で、白井は松浦が運動部長で、自分は体操を、松浦は競技運動を中心に担当したと記している。

*6　秦芳江、「松浦政泰の遊戯、体育論について」、同志社女子大学学術研究年報24、1973、p406

*7　『世界遊戯法大全』は明治40年に博文館より出版されたもので、847のゲームが集録されている700ページの大著である。これにはおもに欧米で行なわれていた季節遊戯が編纂されている。

*8　*6、p418

*9　*1、pp7-11

*10　明治36（1903）年12月22日発行の『日本女子大學校學報』第2号に、美軒子が「秋季運動会の記」と題して、第三回の運動会の模様を報告している。

*11　M・M生、「我が校の体育」、『日本女子大學校學報』4号、1904、pp130f

*12　平野はま、「本校の体育状況一斑」、『日本女子大學校學報』、1903、pp198-205

*13　一般的な辞書（金田一京助他編『国語辞典』三省堂）によると、容儀とは「人の前で見せる時のきちんとした態度、姿勢」とある。

*14　*11、pp131f

*15　日本女子大学『家庭週報』、24号 1905

*16　日本女子大学『家庭週報』、1288号 1935

*17　日本体育協会『スポーツ八十年史』、1958、p369

*18　日本女子大学校編『日本女子大学校の過去現在及び将来』、1911、p157

＊19　＊1、1982、p146
＊20　日本女子大学『家庭週報』、63号、1906

2　成瀬仁蔵考案の「日本式」バスケットボール

　成瀬仁蔵は体育の理念化はもとより、その具象化のために多くの努力を払った[*1]。その第一は体育教師の招聘に表れている。たとえばデルサート式体操、あるいはその類型である表情体操などを教材とし、既にその道で名と実を上げていた後述する白井規矩郎、平野はま、川瀬富美[*2][*3]を指導者として配置している。その第二は体育教材の選定である。女性に相応しい体育とは何かを模索して、各種の体操が選ばれ、当時としては時代の先端を行く自転車、そして多くのボールゲームが教材として採用されたのである。中でも運動会の呼び物であり学生たちに人気の高かったバスケットボールは、成瀬の体育理念を探求するのに恰好なボールゲームであったと考えられる。輿水はる海は、女子バスケットボールは成瀬によってわが国に初めて紹介された[*4]とする。スポーツ史ではバスケットボールの我が国の紹介者としては、大森兵蔵とするのが一般的に周知されているのであるから、精査する必要を覚えるが、輿水の言明の重要性は「女子」バスケットボールという点にある。

　なぜ成瀬はバスケットボールを女子体育の教材に相応しいと考えたのだろうか。その解明には成瀬が滞在したバスケットボールの発生地であるアメリカに遡及する必要があろう。また帰国して直ぐに勤めた梅花女学校でバスケットボールを紹介した[*5]、とされているので、そこから知見を得る必要があろう。加えて日本女子大学校でバスケットボールが実施された頃、他の女子教育機関ではどのようなバスケットボールが実施されていたかを知る必要があろう。

1）19世紀後半のアメリカにおける女子バスケットボール

　アメリカでは19世紀中葉から後半にかけてヨーロッパから導入されたスポーツであるテニス、陸上競技がよく行なわれていた。しかしこの頃にはヨーロッパ型スポーツの導入に終わることなく、アメリカ独自のスポーツ、

いわゆる「アメリカスポーツ*6」と呼ばれたスポーツが考案され始めていた。その一つがバスケットボールであったのである。

　その誕生の経緯を知るために、当時のアメリカにおけるスポーツ状況を概観することから始めよう。B. ジレによると*7、開拓者達の努力が実を結び、物質の獲得にあくせくすることから解放され、ゆとりのある生活がもたらされた。しかし余裕から生まれた極端な知力万能主義に偏向するあまり、生活力に欠乏する若者が輩出するようになった。そこで学校を終えた若者が克服すべき生活上の障害や軋轢を乗り越えるための実質的素養としてスポーツを活用すべきだと教育者達は提案していたのである。英国のスポーツは、後にパブリックスクールでのフットボールのように教育的手段となるが、本来は上流階級のための娯楽として出発したのである。しかしアメリカのそれは、初期から幅広い階級に普及した教育的要素を持ったものであったのである。その事例はYMCAのような団体の活動に見られるのである。

　R. L. チェンバーズは、アメリカスポーツは英国スポーツの伝統を様式化してはいるものの、そのまま採用せず異なった方向で成長させたとして、その独自の展開を次の4つにまとめている*8。(1) アメリカでは自分達の目的の下に、英国のスポーツの基本的な点を改造し利用した。そのようにして組織化されたスポーツは1850年以降にできあがっていった。(2) 英国では上流階級の人々のための余暇におけるスポーツであったが、アメリカでは学校でのスポーツとして展開されていった。(3) 英国ではスポーツを行なう人の社会的身分の区分が明確であったが、アメリカでは、絶えず変化する社会、経済状況のためにそれが不可能であった。(4) アメリカは広大な国土を持ち、気候の相違が甚だしいので、英国で行なわれていたようにはそのままでは継承できなかった。

　二人の主張から、英国のスポーツはアメリカに導入されると同時に教育の手段として採用された。つまり教材として用いられている点に注目できる。もちろん、先述したように英国でもフットボールがパブリックスクールなどで教育手段とされて紳士教育として用いられていたことも事実である。ただ

し英国の場合は社会に既存したスポーツが学校の教育手段になるまでに多くの時間を要したのに対して、アメリカでは学校やYMCA[*9]といった教育機関に短期間に教育手段として取り上げられたのである。その点はわが国と類似する。

バスケットボールは教育手段であったわけだが、スティーブンが指摘するように[*10]、室内競技として発展したバスケットボールも注視すべきである。即ち気候に左右されないという意味でのバスケットボールである。アメリカの北部では冬期にスポーツが可能にするためには体育館が必要であった。そのために多くの大学はクラブハウスを建設したし、電気機器の普及もバスケットボールの誕生に一翼を担うことになったというのである。

かくして、バスケットボールは教育手段、気候に左右されないシーズンスポーツの室内競技として、1891年[*11]遊戯の研究者・アメリカ運動場設置及び娯楽善導協会の設立者・YMCAの指導者という肩書をもったギューリックの発案[*12]とネイスミスの考案でスプリングフィールドにて誕生したのである。ネイスミスによって考案されたバスケットボールは、本来男性のために考案されたスポーツである。発案者であるギューリックは「若しもバスケットボールに含まれている心理状態が、婦人に取って望ましい心理状態に関連しているならば、その時はバスケットボールは良いのである。滅茶苦茶なバスケットボールならば良くない。」[*13]と述べ、女性がバスケットボールをすることに心理面で懸念を抱いていた。そのような中でスミス・カレッジの女性体育教師であったベレンソンは、YMCAのバスケットボールに遭遇して、次のように女性用にルールを改正することによって女性のためのバスケットボールとして考案したのであった。[*14]

<理念>
(1) 考えとして、弱々しい女性が理想ではなく「健全な身体に健全な精神を宿す」女性像を理想とする。
(2) 身体の発達の手段として、競技への関心が増大してきた。

(3) バスケットボールは身体全体の能力を必要とし、勇気や集中力も育成出来る。
(4) 室外と同様に室内でできる。
(5) チームのために自己犠牲を払う。

＜規則の修正＞
(1) 3秒以上ボールを持たない。
(2) 相手の保持しているボールを強引に奪い取らない。
(3) コートを3区分し、それぞれの区域のみでプレイする。

　これらの理念、ルールが成瀬の日本式バスケットボールの下敷きになったか否かについては、後で照合する。

2) 梅花女学校の女子バスケットボール

　梅花女学校は明治10(1877)年に組合派であった梅本町公会(現在の大阪教会)と浪花公会の諸氏が集まり、たまたま女子教育の急務が論じられ、キリスト教主義の女学校開設が企図されたことに始まるという。翌明治11(1878)年には15名の入学者で開校され、梅本と浪花から「梅花」という名称を付けたとされている。その懇談会には成瀬も名前を連ねており、[*15]最初から成瀬は梅花女学校と関わりをもっていたことがわかる。実際的に彼は明治15(1882)年に梅花女学校を辞すまでは梅花女学校の創立者の一人として関わっていたのである。

　その成瀬は明治23(1890)年にアメリカへ留学するが、明治27(1894)年には帰国する。校長を求めていた梅花女学校の関係者は成瀬に校長として白羽の矢を向けたのであった。既に「女子大学」設立の構想を温めていた成瀬は直ぐには受諾をしなかったが、「女学校の教育内容は以前に比べて余程違ってきていること、殊に先生の意見とほりに教育する自由を与える条件を付けた懇請[*16]」を受け、自分の理想を梅花女学校を改善、発展させることで達成しようと考えて、梅花女学校の校長を受諾することになった。帰国して

2ヵ月後のことであった。成瀬は校長としての職務を果たしながら直接教授にも当たり、描いた理想に充分に即したものではなかったものの着実に改善に取り組んだようだ。このような改善の文脈の一つとして、成瀬の女子体育は登場する。明治27（1894）年、キリスト教主義女学校によって結成されている関西女子教育会の討議会の席上、成瀬は「聖書教授の方法」、「作文の件」、というテーマの他に「女子体育の件」というテーマで、従来の女子体育を改善するようにと強調した[*17]のであった。その内容は遡及できないが、主要な論点は帰国以来思索しまとめ上げていたとされるから、成瀬の教育理念の根幹を示唆している『女子教育』[*18]（明治29年刊行）に記された論点とほぼ同じだと推察する。

　成瀬はアメリカ滞在中のアメリカの女子大学での体育に関して、スウェーデン体操、デルサート式体操などに加えて「各種の競争遊戯体操」を教材としている[*19]と述べており、先述したように、その中に誕生したばかりの女子バスケットボールがあったことはウェルズリー女子大学での体育の様子で明白である。成瀬は、最初はバスケットボールという言葉を使用せず「球籠（マリカゴ）遊戯」[*20]と表記している。これを競争遊戯の範疇に分類している点が興味深い。というのは、体育の目的として（1）身体の健康、（2）身体の教育、（3）身体の休養を挙げながら、身体の健康のためには衛生体操と治療体操を、身体の教育のためには日本の女礼とデルサート式体操を、身体の休養には遊戯を挙げているからである。さらに遊戯には競争遊戯、遊戯体操、戸外散歩などがあるとして、「不識不知の間に面白く運動するものなればなり」[*21]と説明し、「体操はこの身体の体養には無益である」[*22]とまで論じている。要するに遊戯は「自ら好んで之を為し大に快楽を感ずるものなり」[*23]という位置づけを賦与していたのである。体育の中に「面白い」「休養」「快楽」という概念を合意させたことに新しい体育を見出すのである。

　成瀬はこの球籠遊戯について、まず「我校に採用せる球籠遊戯の如きは…」[*24]と述べている。「我校」とは、この書が刊行された年が明治29（1896）年であることからすると時系列で見ると梅花女学校ということになる。この

女子バスケットボールは如何なるものであったのだろうか。凡そ次のようなボールゲームであった。

(1) プレイヤーは源平の両組に分けられた。
(2) 紙屑籠のような竹籠をバスケットゴールに使用した。
(3) バスケットゴールまでの高さは1間ほどであった。
(4) 籠が竹竿に結びつけられていた。
(5) ボールはゴム、綿あるいは燈心により作製したものを使用した。

これには主に用具に関するものしか明記されていないので、プレイヤーはどのような動きをしたのか、どのような規則で規制されたのかは不明である。梅花女学校に保存された記録に求める以外にないようである。梅花女学校の『創立60年史』の「運動、遊戯、学芸会」には、当時は規則というものはなく人員の制度もなく、子どもだましの遊戯に過ぎなかった[25]、と記されている。ただし竹竿を敵、味方の一人が手に持っていたこと、ボールを中央に投げたあとは「自分の持ち場に投げ、之を又相手方が奪ひ、入れさせじと互に球を奪っては逃げ追っては取り、相争ひ、球を早く竹籠に入れし方、勝となる」[26]とある。文意から(1)センタージャンプがあったこと、(2)自分のチームの者が保持するゴール(籠)にボールをシュートしたという2点が窺い知ることができる。明治42年(1909年)頃には、ミッションスクール同士のゲームが行なわれたことが記録されている[27]。ということは、梅花女学校に成瀬が就任した頃は詳細な規則がなかったとしても、15年後には対校試合ができるまでに規則の統一がされたことを物語っている。成瀬が梅花女学校にバスケットボールを紹介してはいるものの、対校試合ができるまでに規則が整理されたのは、輿水が指摘するように[28]、それ以降の外国人宣教師の教師達に負うところが多かったと言えるだろう。なお、使用された「ボール」の記述で分かるのだが梅花女子学校のものは弾まない、それに対して日本女子大学校ではサッカーボールが使用されており、ドリブルが可能だったことが想像で

きる。その辺の事情をその後の女子バスケットボールの展開として眺めてみることにしたい。

3）当時の女子バスケットボール

　成瀬は梅花女学校に「身体の休養」の一環であるレクリエーショナルスポーツの一つとして女子バスケットボールを紹介したのであるが、それは決して規則が整備され体系化されたバスケットボールとは言い難いものであった。先に述べたように「子どもだまし」としか周囲に映っていなかったのである。その意味で成瀬が女子バスケットボールを自分の体育理念に合致させ、その教育効果を稔らせたのは「日本式」バスケットと呼ばれ始めた日本女子大学校創設以降のことと考えられる。

　如何にして、成瀬はバスケットボールを体系、即ち規則を検討し教育教材として有効ならしめ、かつ日本女子大学校の学生を虜にして日本女子大学校の運動会の最後の種目である「とり」となるまでに育成したのであろうか。それを知るために、その当時のバスケットボールの文献に当たることから始めたいと思う。

(1)「球入れ的」なバスケットボール

　明治35（1902）年『女学世界』[29]に紹介されているバスケットボールは、いうならば「球入れ」である。それぞれのチームが一本の竿の上にくくり付けられた籠を持つという点では同じであるが、イ）紅白の球をそれぞれの色の球が終わるまで10人ずつのプレイヤーが入れて、早く入れ終わったチームが勝ちとなる。ロ）自分に割り当てられた球を一球入れるのだが、チーム全員が入れ終わるまで行なう。ハ）相手チームの中に味方のプレイヤーが混入し、落ちた球を遠方に投げるなどして邪魔をするなどである。

(2) 小野泉太郎の考案したバスケットボール

　同じく明治35（1902）年『女学世界』[30]には、佐竹郭公が、西洋のバスケットボールと華族女学校のそれとは異なると言い、小野の考案したバスケット

ボールを紹介している。それによると、高さ3間ほどの竿の籠を取り付け、2、3間の間隔を隔てた所に相対立するように置く。その竿の3、4尺前には地上から3尺位の高さに綱を張るという。5寸（約15.6cm）よりも小さい手鞠1個がボールであり、30人以下の人員でプレイする。入った手鞠は竿を穴から抜いて取り出すか、ろくろの作用で籠を上下させて取り出した。縄が張ってあるのは、縄と縄との間にいるプレイヤーが直接的に球を籠に入れないためであり、籠の下で相手チームの邪魔をするために配置された二人の行動を制限するためでもあったのだろう。また、ゴール下で、シュートするプレイヤーにも制限を加えるためであったと思われる。いわゆるディビジョンラインであり、接触プレイを避けたプレイの分業化と考えられる。当時のスポーツ書の1つである『遊戯法』[*31]で紹介されているバスケットボールに関しても同じ方法のバスケットボールが紹介されている。

(3) 白井規矩郎の紹介したバスケットボール

　白井は後述するように日本女子大学校の初代体育教師である。上記の球入れ的なバスケットボールの最大の欠陥は、ドリブルなどのボールの弾みを利用できなかったということである。[*32]白井自身もボールの中は空でないと反動がなく興味が半減することを指摘している。[*33]そこでボールの検討は重要なものとなる。白井と松浦とはいずれも日本女子大校の創立初期に体育発展のために貢献した人であったが、[*34]成瀬がバスケットボールに関して詳しく文章にしていないことからすると、この頃から、彼らにバスケットボールの研究を依頼したとも考えられる。その意味で、彼らのバスケットボールに関する文献を調べることは、成瀬自身のバスケットボールに対する考えを間接的に知ることになろう。

　白井はアメリカの友人に依頼して資料を入手し、明治36年（1903年）4月号の『婦人界』に「Basket Ball」を、[*35]明治43（1910）年には『体操と遊戯の時間』[*36]の中で「バスケットボール」の項を設けて紹介している。両者は基本的には同内容であるが、後者の方が後年になって書かれただけに、図解が多

く、戦術的なポジショニングまで図示している。そこで、両者を併せ読みながら、彼の解説したバスケットボールを見ることにする。彼はこのバスケットボールをベレンソンの方式としているところから、彼が手にした解説書は、女性用に改訂されたバスケットボールだったことが窺える。そして、その特徴として、男女にできるスポーツであること、人員の多少を論じないで行なえること、また、単純であるが興味を惹く競争遊戯である、としている。さらに、重要なことと思えるのは、その頃行なわれていた「籠毬競争とは全く異なる」という認識を持っていたことである。従って、原名のままに「バスケットボールとしたい」と述べているくらいである。成瀬の紹介したバスケットボールは、籠は竿にくくりつけられていること、その竿は地上に打ち込まれた杭と縄で結びつけられ、ボールが入ると傾けることによって外へボールを出すことができたことに特徴がある。小野の考案したものとの違いは、小野の考案はコートが約12m四方程度であったが、約30m以上の四方の広さにしたこと、ボールはフットボールのものを使用し、小野のものよりも大きいものになっていたことである。佐竹が小野の考案したバスケットボールはアメリカのものとは異なると明言しているところからすると、白井の方がアメリカの女子バスケットボールに類似していたといえよう。実際、中間位置に入らないようにしている縄は、白井は埋め込むとしているのに対して、小野のものでは、地面より高く縄は張られており、小野のものは、幾分「球入れ的バスケットボール」に近かったのではないかと思う。

(4) 松浦政泰の紹介したバスケットボール

日本女子大学校で英文学を講じていた松浦は、成瀬の体育奨励の理解者であり、推進者であった。[*37]松浦は明治38（1905）年に『女学世界』の中で「女子遊戯バスケットボール（籠球戯[*38]）」と題して、バスケットボールを論じている。その「遊戯としての価値」のところでは、ベレンソンのいう勇気、自制の徳の養成、パームリー・パレットの「相扶け相救う」の精神の養成がバスケットボールで可能であることを紹介すると共に、生理学的にも有効である

ことを述べている。

　松浦は「簡易バスケットボール」、「日本女子大学校のバスケットボール」、「米国女子大学のバスケットボール」を紹介しているが、それらの論文を読むと、前者の二つは殆ど類似しており、強いて言えば、簡易バスケットボールの場合は三つのゾーンの区分に縄を張ると明記されている。そのことが日本女子大学校のものにはないこと、また日本女子大学校の方が幾分コートが広い、さらには日本女子大学校の場合、竿と杭との間に空間があり、直ぐに竿を倒すことでボールが外に出せたことなどである。ここでも、白井と小野の相違として、縄のことを挙げたが、同じことが論じられている。

　日本女子大学校のものとアメリカのものとはどこが異なっていたのであろうか。用具や広さは然程違っていないが、最大の相違は日本女子大学校のものが籠手と呼ばれた者の持つ〈自軍のゴール〉にシュートしたのに対して、アメリカのものは〈相手側のゴール〉にシュートした点ではなかろうか。また今日と異なる点は、籠手が投入されたボールを傾斜させて出したという点である。

4）成瀬仁蔵の教育観とバスケットボール

　今まで成瀬が接したであろうアメリカの女子バスケットボール、彼が初めて日本で紹介した梅花女学校での女子バスケットボール、やがて彼の教育理念を開花させた日本女子大学校での「日本式」バスケットボールの原型を追ってきたが、成瀬が関わった女子バスケットボールには、成瀬がバスケットボールを体育の教材として採用する契機となった「ある考え」があったはずである。白井は日本女子大学校の過去の体育の思い出として、成瀬は実践倫理と体育を必修科目中の最主要と見做し、全幅の注意を払っていたこと、運動会では成瀬と松浦が主として「競技」の面を、白井が「舞踊的体操」を担当したことを回想した後、「校長は外部の訪問を終わって帰校せられますと一瞬の休憩もせられずに直ちに学生を集めて親しく指導せられ日の暮れるのも知られない時には暗い中でも練習を続けられました。其の頃校長の考案

せられましたものは日本式バスケットボール、メーンポールダンス、自転車打毬、その他等で中でも日本式バスケットボールの如きは今尚本校学生には欠くべからざる競技の一となって居る次第です。」と述べている。これらから、成瀬自身が学生にバスケットボールの指導を熱心にしていたことが彷彿させられる。1回生の一人は渋沢邸で行なわれた運動会で、バスケットボールでの髪を乱しながらも奮闘した「野武士」的な姿は忘れられないと追憶している。また、選手が入場する時は、応援団の白菊の花の洗礼を受けながらであった*41というからその盛り上がり振りが想像出来る。

なぜ成瀬はバスケットボールを重視したのであろうか。つまり、教育的効果のあるものと判断したのであろうか。彼の教育観を端的に顕しているものは、何といっても逝去する直前に書き残した「信念徹底」、「自発創生」、「共同奉仕」であろう。これらは自分の信念を貫くこと、自分の力で工夫、研究して創造的に作り上げること、そして、お互いに仕え合いながら社会性を育むことと理解できる。『女子教育』の中で、成瀬が体育の目的の一つとして挙げた「身体の休養」では、勉学をする者の気分転換の必要から論じられている。そして、目的のための方法の中で、「我校に採用せる球籠(マリカゴ)遊戯の如きは、多数の生徒を同時に休養せしめながら活溌の氣象と、健全の身體とを養ふに達するものなり」と述べて、バスケットボールを「身体の休養」として有効と見做している。他の効果として敏捷、判断、活発勇気などを養う、としている。加えて、成瀬はバスケットボールが優美を養うに些か欠ける面を指摘し、それを養うものとしてデルサート式体操などを採り入れる必要性を説いている。成瀬はバスケットボールによって気分転換としての休養性を根幹として、神経支配の調整力、あるいは精神性を養うことを期待していたものと思える。確かに優美さとは縁遠いのでダンス的な運動が必要だと述べたのである。

かくして、成瀬は女子バスケットボールに遊戯がもつレクリエーション的なリフレッシュによる勉学の向上を求めていたのであるが、加えて2代目麻生正蔵が「我校体育の十誡」で論じるように、女子バスケットボールを通し

て学生に共同性・社会性の育成を要求したのである。つまり成瀬の教育理念の一つである「共同奉仕」をバスケットボールに期待したのである。明治37（1904）年の『日本女子大學校學報』第4号で、女子バスケットボールの有用性のためにパレットの主張を引用しながら、スポーツを牽引した松浦は、「この種の遊戯は、個々の利益を共同の利益の内に、埋没し去り、個人の利を殺いで団体の益を計るものなれば、どうすれば女子に於て欠点たる相扶け相救ふの精神を養成する利益あり。[*47]」と述べていることからもそのことが窺える。

●注および引用参考文献

*1　拙著『日本女子大学の運動会史』、日本女子大学体育研究室、1982

*2　拙著「日本女子大学の体育発展に貢献した人々その2、3、4、5」、『日本女子大学紀要』、家政学部第33号、34号、36号、37号、39号。1986〜1991

*3　大場一義「川瀬元九郎の生涯と功業」の中で論じている。岸野雄三教授退官記念論集刊行会（編）『体育史の探究』に所収。1982

*4　輿水はる海「女子バスケットボールに関する研究（2）」、『お茶の水女子大学人文学紀要』、第31巻、1968、p92

*5　梅花学園九十年小史編集委員会『梅花学園九十年小史』、1968、p76

*6　成田十次郎（他）『スポーツと教育の歴史』、不昧堂出版、1988、p65

*7　B・ジレ（近藤等訳）『スポーツの歴史』、白水社、1952、p87

*8　Chambers. Robin L *Sportmanship in Sporting America: Tradition, Ideal, Reality*, Temple University Dissertation 1984. pp69f

*9　YMCAとはYoung Men's Christian Associationの省略形で、1844年英国で青少年の教育を目的に発足した。その後1851年にアメリカに紹介された。スポーツの普及に大いに貢献した団体。

*10　Steven A. Riess *The American Sporting Experience: A Historical Anthology of Sport in America*、Leisure Press, 1984. p151

*11　バスケットボール発足年に関して、1891年説と1892年説とが存在するが、

1891年暮れから92年の年頭のかけてとの意味合いのようである。
* ＊12　ギューリック、大谷武一（監修訳）『遊戯の哲学』、更新出版、1925、p13
* ＊13　同上、p98
* ＊14　Senda Berenson *Basket Ball for Women, Physical Educator*, Vol 3, pp106-109
* ＊15　＊5、p3
* ＊16　仁科節（編）『成瀬先生伝』、櫻楓会出版部、1938、p161
* ＊17　＊5、p76
* ＊18　成瀬仁蔵著作集編集委員会（編）「女子教育」1974、『成瀬仁蔵著作集』第1巻に所収。
* ＊19　同上、p122
* ＊20　同上、p137
* ＊21　同上、p144
* ＊22　同上、p143
* ＊23　同上、p143
* ＊24　同上、p144
* ＊25　＊5、p33
* ＊26　同上、p33
* ＊27　たとえば、大阪毎日新聞の明治42年（1909年）12月12日の「運動界」の記事として梅花女学校とウキルシナとのバスケットボールの試合の模様が記されている。
* ＊28　＊4、p103
* ＊29　「欧米遊戯バスケットボール」、『女学世界』2巻1号、博文館、1902、pp172f
* ＊30　『女学世界』2巻29号、博文館、1902、pp113-116
* ＊31　日本体育会（高島平三郎）『遊戯法』、育英社、1903、p71
* ＊32　谷釜了正「球籠遊戯からバスケットボールへ」、『日本体育大学紀要』第7号、1978、p4
* ＊33　白井規矩郎「Basket Ball」、『婦人界』、第2巻4月号、1903、p145
* ＊34　＊2

＊35　同上
＊36　啓文社発行のもの。
＊37　拙著「日本女子大学の体育発展に貢献した人々その1」、『日本女子大学紀要』、家政学部、第32号、1985
＊38　『女学世界』5巻12号、1905年には「バスケットボール」となっている。
＊39　日本女子大学『家庭週報』1288号、1935
＊40　同上、1回生佐々千代子の回想より。
＊41　同上、8回生長谷川きぬの回想より。
＊42　＊18、pp138-143
＊43　同上、p144
＊44　同上、p145
＊45　同上
＊46　拙著「日本女子大学に導入された新体育理念に関する研究」、『日本女子大学紀要』、家政学部、第30号、1983
＊47　『日本女子大學校學報』第4号、1904、p134にM・M生（松浦政泰と思われる）が「我が校の体育」と題して述べている。

3 成瀬仁蔵の体育・スポーツ観を展開した人々

　女子高等教育機関である日本女子大学校創立のために奔走した成瀬が、多くの賛同者・協力者を得たこと自体から彼の人となりが伝わってくる。ここでは彼の女子体育理念に共鳴し、展開した人々を論考することにする。分析に用いた史料は日本女子大学校の機関紙『家庭週報』、『日本女子大學校學報』、卒業生の回顧録『目白生活』[*1]などである。加えて日本女子大学校に明治44（1911）年4月から昭和18（1943）年3月まで勤務し日本女子大学校の音楽教師であった伊藤鈴に対するインタビュー[*2]に依拠している。日本女子大学校の体育会は先に触れた通り、体育教師以外の人々で担われている。

1) デルサート式体操の平野はま

　デルサート会を指導したのは、平野はまであった。平野は慶応3（1867）年4月生れで、附属高等女学校の部に所属し、理科、数学、英語、そして体操を担当した。記録によると[*3]、フェリス女学校卒業後、創立された最初の明治34（1901）年4月から大正8（1920）年4月まで在職したとある。日本女子大学校に招かれるまでのフェリス女学校時代11年間は和漢学、女礼、体操を担当していた[*4]。フェリス女学校はミッションスクールとして明治3（1871）年に開校したのであるが、外国人教師ミス・バラ、ミス・タムソン、ミス・デヨらは英語や音楽の他に体操も教授していた。ミス・デヨがフェリス女学校に紹介した新式体操はデルサート式体操で、平野もそれを受け継いだと西村絢子は指摘する[*5]。明治30年代にフェリス女学校を卒業した者たちも、平野からデルサート式体操を指導されたと追憶している。成瀬仁蔵も既に米国在学中に女子体育に適切な種目としてデルサート式体操を採用することを決断していたようであるので[*6]、日本女子大学校の創立に当ってその指導者を選定していたのではないかと思われる。そのような折、明治女学校など女子教育の進展に貢献した巌本善治を介して、成瀬仁蔵と麻生正蔵は平野の存在

を知り、明治33 (1990) 年の秋には二人でフェリス女学校に足を運んだ。平野のデルサート式体操の指導振りを参観すると、案の定、その魅力に把えられ即座に日本女子大学校に招聘する決断を下した[*7]という。このように懇望されて平野は日本女子大学校に迎え入れられたのであった。しかし、フェリス女学校からは「平野をかえせ」という声がいつまでもあったというから、平野自身が成瀬の女子教育への情熱に魅了されつつもその声との間でジレンマを感じて勇断したものと思われる。先述したごとく、平野は既にフェリス女学校で11年間の指導歴をもっていたのであるから、熟練した指導であったことが彷彿とされる。平野は英語、修身、生理の教師として登録されているが、主に高等女子部でデルサート式体操を指導したようである。大学の体育教師として登録されたのは白井であり、彼がデルサート式体操と同型の表情体操を指導していたこともあるので調整したのかもしれないことが推察できる。しかし、体育会の指導者としてデルサート会を受け持ったことは事実である。この項で平野を体育教師として取り上げて論じていないのはそういう事情がある。伊藤によると、白井は現在の東京芸術大学出身の音楽家であり、ピアノを弾きながら表情体操の立案はしつつも、実技の師範はしなかったという。つまり白井は体育理論家であったのである。そのため、寮舎や体育会において実際に師範に当ったのは平野だったのである。なお、平野は運動会においても重要な指導者の一人であったらしく、渋沢邸で行なわれた第1回運動会の「紙風船」というプログラムで「さあ一二三と、忘れもいたしませぬ鉄縁の眼鏡をかけられた故平野先生が相図して下さいました[*8]」と3回生の出野柳子は昔を振り返っている。

2) ホッケーのフィリップス

体育会のホッケーを指導したのは英文学を教えていたフィリップスであった。彼女はミッションスクールである香蘭女学校で教鞭をとっていたが、明治35 (1902) 年12月から昭和16 (1941) 年3月までの長い年月、日本女子大学校に勤務している。彼女が日本女子大学校をはじめて訪れた時、「母校ケ

ンブリッヂ大学に似ている」という印象をもったという。そのような感性と女子教育への使命観、そしてキリスト教伝道者としての召命観が重なって、半生を日本女子大学校の教育に費したのであった。瀧本種子は学生の眼差しで、フィリップスのことを次のように偲んでいる。[*9]

　先生は剣橋大学の博物科を出られた方で、明治35年以来、「英文科で英語の会話を中心として、英語並びに英文学を講じて下さっている。外国教師の中で最もよく学校を知って下さる方である。『日本の子女を教へるには、それに近く接して深く其の生活に通じねばならぬ』かういふ考へから、37年には英国篤志家の補助により、学校の附近に暁星寮を起して爾来全く起臥寝食を共にして、育英薫陶の業を楽しんでいらっしゃる。先生は私共をお呼びになるに『ミス何某』と仰っしゃらない。『何某さん』である。皮相の西洋風にかぶれさせないため、又一つはミスづけは堅くるしいと思召ださうである。何といふうれしい御配慮であろう。もう先生はすっかり日本の事情にお通じになって、大抵の学生のつかふ漢語位は皆おわかりになって、こちらが反っておはずかしいくらゐ。清い清い気高い先生：恩威兼ね備はって、さながら神様の国の方をみるような心持がする。

　彼女が卒業したケンブリッジ大学はオックスフォード大学と比肩できる名門校であるが、学業のみならず体育・スポーツの盛んな学校でもあった。ラグビー、ボート、そしてホッケーは学生を惹きつける人気スポーツ種目であった。従って、彼女もスポーツ熱の洗礼を受けホッケーに何等かの形で関わったと言えよう。彼女は自己の教育理念として「日本の子女を教えるには、それに近く接して深く其の生活に通じねばならぬ」と考えていたため寝食を共にする寮生活を行い、体育会のホッケーの指導も同様に捉えていたのではなかろうか。明治37（1904）年の第4回運動会にホッケーが登場するがフィリップスの指導の賜物と考えてよいだろう。

3）文科（文学部）の学生のスポーツ熱を惹起した塩井正男

　塩井は国文科の教授であった。日本女子大学校に彼が勤務するようになったのは明治35（1902）年のことだった。塩井は「文科の華」と呼ばれるほどに学生が思慕する人物であった。塩井の名を慕って国文科に進んでくる学生も少なくなかったようである。このように人気のあった塩井を、瀧本は「もう普通の道理でみる人でなかったのでございます。先生がどのようなことを成さっても私共は少しもいやに思ひませんでございました。[*10]」と言う程である。ところでこの塩井はスポーツを好み、後述する英文科の教授で運動部長であった松浦といつもテニスを行なっていたという。[*11] 松浦の大柄に比して塩井は小柄であったようでテニスにおいては「宙がへしの球」が得意だったという。宙がへしの球とは高くボールを上げる技術でロブに相当すると考えられる。この技術はどちらかというと攻撃的に打ち込んでこられたボールを、足を使ってボールを打ち返す技術なので小さい体躯で俊敏に動き回ったのだろう。彼は国文学者であったことから次のような「テニスの歌」[*12]を詠んでいる。

- 一、ネットを渡る　風晴れて、テニスコートの　心地よし。いざや、暫しは敵味方、こころを玉に　遊ばなむ。打てよ、攻めよ、勇ましく、玉はこころの　ままなりや。受けよ、守れよ、勇ましく、心は玉のほかになし。
- 二、かけよ、飛べよ、思ふまま、筋骨ここに　鍛ふべし。攻めよ、まもれよ、恐れなく、精神ここに　鍛ふべし。ラケット拂ふ　衣手に、けふの疲れを　慰めて、鍛へて、身をも、心をも、テニスの遊びのおもしろや。

　袴を短かくはき髭をたくわえ、ラケットを手にもった塩井の姿は、それでなくても人望があったのであるから、テニスそのものを学生に印象づけるには充分であったであろう。因みに、塩井と松浦によって提唱され設置された

テニス会には、大学生86名、高等女子学生88名という会員を擁し、デルサート会の30名、日本式バスケット会の26名を凌駕していたことになる。[*13]また、『家庭週報』に再三再四登場してくる運動会における「文科の熱心な先生」という学生評はこの塩井であったのではなかろうか。彼は運動会では会場係として、筵（シート）を率先して敷き、学生たちにも会場準備の指示を与えていた。第六代の学長であった上代タノは、塩井が日本式バスケットボールの場面では夢中で応援していた[*14]と想い出を述べている。そして文科が勝利でも収めると必ずといっていい程「喜びの歌」[*15]を詠ったという。

　みとせあまり取らぬ杯とりもちて
　子等が心をくみてよろこぶ。

　塩井は体育教師ではなかったものの、学生たちにさまざまな形で、体育教師的な役割を果したのであった。

4) スポーツの推進者、松浦政泰
　松浦政泰に関しては、先の「課外体育の『体育会』の誕生」[*16]において触れたが、今少しそれを補い、彼の教育理念や体育観を検討したい。彼は日本女子大学校に招かれる前には、同志社英語学校を卒業後、同志社女子学校の創立に尽力し、そこに12年間勤務したのだが、秦によると松浦は体育・スポーツに興味を抱き、同志社女学校で体育を推進した。そこでの運動会は、後年、日本女子大学校の運動会に多大なる影響を及ぼし、その原型になった[*17]とする。松浦自身も「15年の昔京都の女学校で、体操を奨励した時、『腕が大きくなり醜くなる』と、父兄から抗議を申込まれた事があったが、日露戦争を経た今日、大分世間の思想が変って来た。」[*18]と述べていることから、松浦が同志社時代から体育・スポーツに関心を持ち推進したことは首肯できよう。
　彼が女子体育・スポーツになぜ関心を抱いたかの動機については不明であ

るが、根っからのスポーツ好きであったことは瀧本の『目白生活』でも明白である。たとえば瀧本は松浦の印象を、学校一番の頭抜けた長身と20貫（75キロ）を越える巨漢であったこと、額が広くしかも色白の容貌は正しく西洋人のようであったと語っている。そして何といっても強い印象の一つは「…先生は大の運動家でいらっしゃる。運動部長として運動会の時の幹部をおつとめになっている[19]」というスポーツマンとしての印象である。成瀬、麻生と共に運動会の中では、自転車に乗り、球すくいの妙技を披露した[20]とのことであるから、彼がスポーツ好きであったことは間違いないだろう。彼は多くの体育に関する論文や遊戯についての本をも著している。その中の一つである「我が校の体育」[21]という論文の中で、日露戦争後ますます女性の立場が重要となるであろうし、米国の女性の例をとって、女子体育の発展を唱導している。殊に知育は小学校、中学校、高校へと段階的にレベルが向上しているが、体育は一向にそれが見受けられず高校においても未だ小学校ルベルにとどまっていると憂慮している。そこで彼は正課体育外の課外体育の一つとして「体育会」の設置を求めて実行へと至らせたのである。

　このように見てくると、日本女子大学校の体育発展の担い手であった松浦は、運動部長として自ら体育会ではテニス会の指導者として、正課体育の結晶であった運動会においては幹事としての重責を負っていたのである。彼は女性による体育指導についても言及している。岸野雄三によると女性による高等女学校で体育が指導されたのは、明治30年代の後半でありそれまでの日本の女子学生は殆ど男性によって教育されたという。せいぜい、ミッションスクールでのみ、外国人女性教師によって指導されたにすぎないと述べている[22]。そのような状況への疑義は大正初期に実施された全国高等女学校校長会議の議事録に垣間見ることができる。女性体育教師冷遇の、つまり女子体育は「比較的男教員を以て適当なりと認む[23]」とあるような校長会議の議決文に表れている。この議決に対して松浦は遺憾の意を示し、日本女子大学校が発足して10数年を顧みて、女子校の体育教師は男性よりも、むしろ女性教師の方が適当であることを歴史的に見たとして「女子体育は女性教師の手で」

という考えを明らかにしている。この考えは第二次世界大戦までの日本女子大学校の男性体育教師が非常に少なかったことに反映されているようである。掛水通子も述べているように「明治末期になっても私立女学校、高等女学校で体育を指導する者は多様であり、専門女教師による『女子体育は女性の手で』はまだ定着していなかった[24]」のであるから松浦の所見は卓越したものであったのである。

　松浦は運動部長として体育の現状を常に分析し研究を怠らなかった。それは多くの意見を運動会終了後に述べる場合の裏づけになったようである。たとえば彼は明治40（1907）年に『世界遊戯法大全』[25]という著書を上梓している。この著書では世界の遊戯を5つに大別し、実に847のゲームを紹介している。しかも700ページに至る大著である。用いた文献も国内国外のものを合わせ相当数にのぼる。このようにして彼は体育・スポーツの実践家であったばかりか理論家であったのであり、理論と実践の双方向の視点を維持していたと言えよう。

　この『世界遊戯法大全』のはしがきの謝辞には、麻生正蔵、フィリップス、塩井正男らが名を連ねている。それらは日本女子大学校の教師たちが女子体育のための情報を交わしながら協力し合っていたことを物語るのではなかろうか。

●注および引用参考文献
*1　瀧本種子『目白生活』、彩虹社、1916
*2　伊藤鈴氏にインタビューした折には90歳を過ぎておられたが、ご健勝で「日本女子大学校の歴史」を昨日のごとく明白に語って下さった（1984年5月9日午前9時40分〜11時10分、場所：文京区小日向、伊藤宅、聞き手：馬場哲雄、石川悦子）。
*3　日本女子大学の庶務課が戦前の教師の在職期間、担当教科、出身校をまとめた『日本女子大学校の年次調査報告綴』1978

*4 石川悦子「平野濱子とデルサート体操」、『あゆみ』、pp13f、フェリス女学院資料室、1984
*5 西村絢子「明治期のフェリスの体操」、同上書に所収、p9
*6 同上
*7 日本女子大学『家庭週報』、527号、1919
*8 日本女子大学『家庭週報』、638号、1921
*9 *1、pp308f
*10 同上、p334
*11 同上
*12 日本女子大学『家庭週報』、63号、1906
*13 馬場哲雄、石川悦子「日本女子大学創立初期の『体育会』に関する研究」、『日本女子大学紀要』、家政学部、第31号、1984、pp148f
*14 日本女子大学『家庭週報』、1288号、1935
*15 *1、p335
*16 *14、p146
*17 秦芳江、「松浦政泰の遊戯、体育論について」、『同志社女子大学学術研究年報24』、1973、p406
*18 日本女子大学『家庭週報』、245号、1913
*19 *1、pp325f
*20 『家庭週報』、1288号（1936）の中で出野柳子が「目白の運動」という題で、教師たちの運動会時の働きを記している。
*21 この論文は、1904年に日本女子大学が発行した『日本女子大學校學報』に掲載されたもので、著者はM・M生となっているが、そのイニシャルと当時の状況から見て、松浦政泰に相違ないと思われる。
*22 竹之下休蔵、岸野雄三『近代日本学校体育史』、東洋館出版社、1959、pp42f
*23 松浦政泰は『家庭週報』（292号1914年）に「体育教員」という題で、女子体育には男性教員が向くか否かについて述べている。
*24 掛水通子「明治期における私立女学校、高等女学校の体育の指導者について」、『東京女子体育大学紀要』、第17号、1982、p8
*25 松浦政泰『世界遊戯法大全』、博文館、1907

4　初代体育教師、白井規矩郎

　日本女子大学校の体育教師の数は昭和53 (1978) 年、日本女子大学校の庶務課が調査した戦前の教員一覧では40名になる。その最初の体育教師が白井規矩郎であった。最初であるが故に成瀬仁蔵の体育への思い入れが旗幟鮮明かと思い取り上げることにする。体育史研究者の彼に関するいくつかの評を挙げてみると、上沼八郎は、「高橋忠次郎と共に女子体育と遊戯や音楽とを結びつけた者[*1]」としている。岸野も「法規上では余り気づかれないが、日清戦争の緊張がとけ、日露戦争の緊迫感が湧きあがる中間期に、一時遊戯が大流行したことも注意してよい。[*2]」と当時の体育状況を述べたあと、遊戯教育提唱者の一人としての白井を「…表情遊戯や唱歌遊戯で大いに活躍した人に白井がいるが、彼は日本女子大に移ってから、ますますこの面の研究を深めた。[*3]」と評している。さらにその二人の評価より30年も前の真行寺朗生らの白井評は興味深く記述している。[*4]

　　白井氏は寧ろ音楽家を以て目すべき人であるが、芸術味に富んだ所謂美的体育及至趣味の体育の唱者、鼓吹者として見逃すことの出来ない一人である。彼の艶麗花の如き女子大学式表情体操は、実に氏によって創始せられたのである。知育が論理主義一点張りではどうも旨く行かないように、体育も亦生理解剖主義一点張りでは所詮満足に行くものでない。従って氏の如き変った行き方の人も、我が体育界に一人や二人はあってもよいのである。吾人は此の意味に於て氏の業績に尊敬の意を表するものである。

　白井のことは、総じて表情体操・唱歌体操・遊戯の体育人として目されていたことが窺える。しかも真行寺らが指摘するように今までの体育とは違った渓流として把握されていたようである。では「音楽家」であった白井がなぜ「体育教師」として歩調をとるようになったかを究めることは関心を惹く

ところである。そこで白井が音楽家から体育家への転向から日本女子大学校に勤務するようになった契機など、その仕掛け人でもあった成瀬仁蔵との出会いを究めてみた。そのことを白井が日本女子大学校に勤務する直前に成瀬に送った「白井書簡」、後日談として『家庭週報』に書き残した「四十年前の追憶」、当時の教育雑誌論に投稿した「論文」、加えて白井と共に体育教師として在籍した高桑ハナと白井から指導を受けた卒業生へのインタビューから論じることにしたい。

1）音楽教師時代

　白井は明治3（1870）年9月に滋賀県で誕生したという説があるが、日本女子大学校の前任校である日本体育会体操練習所（現日本体育大学）の史料によると出身地は東京ともされる。先の高桑の談によると白井の父が銀座界隈で楽器店を開き、次男として幼少時代を過したとのことである。日本女子大学校の戦前の教員一覧では出身校の欄に「文部省音楽取調掛所定学科」（現東京芸術大学）と記されている。日本女子大学校に勤める直前の明治34（1901）年3月5日付の『教育時論』の論文によると「自分は元来音楽学校を出たもので、各地の師範学校に音楽の専科で奉職して居ったが…」と記しているところからしても音楽教師として歩をとったことは明らかである。翌年の1月5日付の『教育時論』でも、体育教師として始動する前に音楽教師として15年従事した、とある。逆算すると音楽学校卒業後の18才より33才まで音楽教師として各地の師範学校で活躍したことになる。それを物語るかのように明治30（1897）年、31（1898）年に発表した論文は、「通俗音楽談」、や「女子と音楽」、「今様の唱歌」などの音楽プロパーの論文であった。

　白井自身が「自分も体育教師になろうという事は、夢にも思いませんでした…」と回想しているように、その後40年以上に亘って体育教師をするに当り、また冒頭での体育歴史家の評価でも明らかなように、白井の体育観のベースには音楽があったことは明白である。しかるにその音楽教師が体育教師になぜ転身を図ったのであろうか。

2) 音楽教師から体育教師へ

　先述した明治35（1902）年1月5日の『教育時論』によると、女子体操の研究を始めたのは一昨年からだという。だとすると明治33（1900）年から、つまり日本女子大学校に勤務する1年前ということになる。ところが彼は既に明治26（1896）年10月に敬文堂より23ページの小冊であるが『保育遊戯唱歌集[*17]』を筆頭に、明治30（1897）年7月には『新編小学遊戯全書[*18]』を上梓して、当時の遊戯130種を共同的運動遊戯、静座的遊戯、弄毬的遊戯、個人的運動遊戯、理化的遊戯、雑種遊戯の6種に分類しながらそれぞれを解説しているので、少し早い時期から白井は遊戯と音楽とを結びつけて、音楽を体育（遊戯）に生かす途を模索していたことになる。明治33（1900）年になって女子体育を研究し始めたという言明は、研究の必要性の認識と相俟ってこの途へ進むという意志を強固にしたことではなかろうか。

　彼は「自分は元来音楽学校を出たもので、各地の師範学校に音楽の専科で奉職して居ったが、或時偶然に考えた事がある、其は普通教育の総ての学科の中で、一番進歩しないのが体操であろう、（仮令多少の改訂はありしと雖其全体に於て）殊に女子には特別の体操があるといふでもなく、男子に専用の普通体操を姑息的に斟酌して授けて居る様に思はれた、それで女子が体操を悦ぶかと云へば、先ず十人が十人とも進んで行ひ、又家へ帰って練習でも見様と云うものは一人もない、今の普通体操を決して悪く云う訳ではない、自分は体操の事は少しも知らんが、身体の発育を完全にして、姿勢の不整を矯正するが第一の目的であろうと考えられる[*19]。」と述べている。要するに音楽教師として各師範学校で任じていた白井はある時偶然に気づいたことがあった。それは当時の体育が他教科と比較して進歩していないということであった。その気づきの矛先がやや控え目だがその当時の体育の主流だった「普通体操」であり、その体操は男性用であって女子には向いておらず、また喜ばれないものと投射されたのである。

　さて、明治34（1901）年というと、日本女子大学校で白井、平野と共に創立時に体育に関わった川瀬元九郎がアメリカでの留学を終え帰国した年であ

る（実際の指導は妻の川瀬富美が行っていた）。川瀬はスウェーデン体操をこの頃から多くの新聞雑誌などに紹介している。また明治36（1903）年には体育学を学ぶためにアメリカに派遣されていた井口あぐりも帰国してスウェーデン体操を広め始めていた。[20] この二人によるスウエーデン体操紹介は、折しも普通体操への見直しと相俟って急速に多くの人に受容されていった。この川瀬と白井は友人関係にあったとされる。[21] 従って白井の普通体操批判に川瀬は何らかの影響を与えたとも考えられるが、それ以上に根底的に、白井自身は遊戯に深い関心をもつ子供や女子の心性に着目して、学習者の興味・関心に戻るべきとして教師主導型の普通体操に疑念を抱いたのである。具体的には遊戯、しかも音楽と結びつけた「唱歌遊戯」を強調することによって普通体操を批判したのである。白井の普通体操批判はスウェーデン体操による批判というよりも、音楽遊戯論からの批判だったといえよう。その辺の事情を次のように記述している。[22]

　一体体操と云ふものが、他の学科に比較して興味が乏しい、是れが女子の此科を好まぬ原因の一つであろうと思われる。其處で余計の事ではあるが、自分は唱歌を教へて居ったから、此唱歌へ種々の動作を結び付けて、唱歌遊戯というようなものを二つ三つ作って生徒に授けて見た、處が大分好結果を得て、其後、段々と種々の方面から遊戯を奨励する様になり、従って色々の遊戯が行われ、今では女子は遊戯を以て体操に代りを得たという様になりました。

　白井はいくつかの師範学校で、音楽教師として勤めた後に、日本体育会体操学校（現日本体育大学）で唱歌遊戯を教えたとの記録からすると、[23][24] 明治30年頃には既に音楽教師でなく体育教師としての白井に転身していたことになる。
　さらに転身振りを深化して掘り下げると、白井は「自分も体操教師になろうという事は、夢にも思いませんでしたが、遊戯を研究するに付て欧米の女

子体操を研究して見ましたのが発端で、今日でも体操教師と云ふと、学校でも中々勢力があり、生徒も極めて信服して居る様であるのに、我国では如何いふ訳、今日の有様であらうかと思いましたので、其れから種々の方面に観察して見ました處」と前置した後に、第一に品性の低い、あるいは研究の足りない体育教師自身の問題、第二に学校全体が体育に非協力的であるという学校の体制の問題、第三に先述した普通体操が女子の体育に必ずしも有効的でないなどの問題を指摘している。*25 白井は大義に見れば専門の唱歌を研究する過程で、遊戯への関心が浮上して外国の文献による研究をするまでになり、その遊戯研究が女子体育研究へと誘引したということである。かくして後述するが、四苦八苦しながらも白井は（1）児童に興味ある運動、（2）予定を可成均一にする運動、（3）特に女子に適当なものを、（4）方法は一読して誰にも了解する様な体育を模索していた。唱歌遊戯を中心として全国各地で講習も開き、多くの賛同も得るようになっていた。

　そのような時、英国から戻ってきた友人より土産として1冊の本を入手している。それはR. J. アリスの"Girl's Physical Training"（1898）であった。早速一読した白井は、はじめて探し求めていた体育法に出会ったという実感をもった。音楽と体操を結びつけたアリスの体育法は白井が考えていた体育法に合致したのであった。

3）白井規矩郎と成瀬仁蔵の初見

　予期もせぬ体育教師を目指すことになった白井は、創立とほぼ同時に日本女子大学校に勤務することになるのだが、すでに白井は日本体育会体操学校（現日本体育大学）で唱歌遊戯を担当して女子体育に関わっていた。そうした折、成瀬より女子体育について相談がある故に会いたいとの要請を受けて神田にあった学士会館に赴いた。時は創立直前の明治34（1901）年の3月だった。*26 学士会館には成瀬はもちろんのこと、創立後日本女子大学校で衛生学を担当した三宅秀、生理学を担当した大澤謙二、日本体育会体操学校（現日本体育大学）で明治35（1902）年から37（1904）年まで校長であり、日本女子大学校で

も主に児童心理学を担当した高島平三郎[*27]、そして文部省より高等官など8、9名が列席していた。

　成瀬は晩餐を共にしながら、「日本女子大学校は近日開校の運びとなったものの、実戦倫理[*28]に次で重要な体育の方がまだ確立しておらず、殊に今までの体育は男子に偏向したきらいがあり女子のための体育が至急検討されるべきである。そこで参集された方々の意見を聞きたい。」という趣旨の挨拶をした。参集者の意見が続いた最後に白井は、先に友人から紹介されたアリスの"Girl's Physical Training（1898）"を訳出したもの（この著書は『女性生理的訓練法』という題目で明治34（1901）年7月同文館より発刊されている[*29]）を呈示しながら、ここ数年思案してきた「女子体育法」の何かをこの本に見出したこと、機会があれば公表したい事なども、良き時を得たとばかりに語ったのではなかろうか。その内容を具体的に再現することは不可能だが、その後発表した論文「吾人の研究せる女子体育法」[*30]に、その内容を彷彿させる点が見受けられるのでそれを紹介すると、明治30（1897）年初頭の体育界は普通体操に対する批判が遊戯論やスウェーデン体操の導入によって起き上がり、体育界の混迷期であった。白井は「英国式体操」を紹介することによってその混迷の一端を切り拓けるとして、英国式体操というのは白井が名付けた名称だったが、英国式体操は「運動を連続的に」、「女性らしき動作に」、「心身の発育を均一に」の3点を標榜し舞踊運動を基にした体操であること、この体操は音楽に合わせて体操をする故に、2つのものに同時に注意を注ぐことはできないとの批判に対して、運動に音楽が伴うのは極めて自然である[*31]ことなどを説明したのではなかろうか。

　白井のその申述は参集者の協賛を興し、特に既に米国留学で体育教材としてデルサート式体操を採り入れようと考えていた成瀬に、「五月から試みてみよう」と決断させたのであった。

4）白井規矩郎の成瀬仁蔵への書簡

　成瀬はなぜ白井の体育観に興味を抱いたのであろうか。白井の論文に接し

ていた、あるいは誰かに紹介されたことなどが考えられる。前者を示唆する史料は見いだせないが、後者に関しては多くのことが頭を過る。先述したように創立時から日本女子大学校で児童心理学を担当し、日本体育会体操学校（現日本体育大学）の校長をしていた高島平三郎が考えられる。成瀬は高島の児童心理学の学識に尊敬の念をもち知合を得たらしい。[*32]次の手紙にある白井が児童遊戯を研究し教授していたことなどを勘案し、日本体育会体操学校などの「点」を重ねるといささか独断だが「線」になる部分が浮上する。

　白井は日本女子大学校に奉職する3ヶ月程前、明治34（1901）年1月6日付で成瀬に書簡を以下のように認めた。まず時節の挨拶に続いて、以下のように書かれている。

　…御雷名夙ニ轟承致へども未だ拝芝の機を得ず残情此事と存候今回ハ唐突ニ書面を以て尊威を犯し候段誠ニ欠礼平ニ御海容下され度候野生儀ハ殆は十年前音楽学校卒業生の席末ニ列り候ものにて其後少しく感ずる處有し専ら児童遊戯ニ就てのみ研究仕居目下日本体育会附属体操学校ニ教授の職を汚し居候處昨年友人英国より帰朝の折現今彼地各女学校に於に施行致居り由の新式女子体操なる書物を贈与致され候まし私かく実験仕候處至極女子に適当の様考えられ候まし不取敢旧臘より体操学校生徒にも研究かねて実施致し又ハ体育会附属の女子遊戯講習会員にも演習仕候處何れも尠からざる喜悦と愉快とを以て熱心ニ従事致居候今更ニ付拝承する處ニ依れハ来年度より豫て御高計の女学校開設せられ候由就てハ若し御校ニ於て右体操も教課の傍らニ御加説下され候ハ、啻に生徒の愉快なるのみならず斯道の発達上ニ尠なからざる好機を得候事と存じ自分を省みず尊聴を煩ハし候萬一御一考を得ば幸い之ニ過ぎず候若しそれ詳細の如きハ御報を得て拝眉委細申述度候

敬具

Ⅲ─4　初代体育教師、白井規矩郎　121

　追啓野生ハ本月十五日まで愛知県下へ講習ニ出仕候へども平素月火水の午前ハ九段牛ケ淵体操学校ニ右体操実施致居候まゝ彼辺御通行の折御寸暇もあらせられ候ハゝ実施御高覧の栄を得度候

　この書簡で白井は自分のことを履歴的に述べた上で、実験している女子体育の成果について、最後には多忙を極めるので昨今の動向について認めているが、明治34（1901）年3月まで相互に名前は知っていたが初見がなかったこと、成瀬の方から白井が女性向けに考案した体操を詳悉したいと連絡したことなどが読み取れる。すでに成瀬は女性に有用な体育を、いくつかの米国の女子大学で見聞しており、とりわけ表情体操を求めて白井に期待していた[33]と思われる。成瀬が実際目で確かめたいと思っていたことは、白井が追啓で詳細に日取りや場所を明示していることから窺える。
　瀧本種子は『目白生活』の中で、「創立以来唯一の體操の先生、ごく最近瑞典式が加はった外、私共の體操は皆先生の御考案である。音楽学校出身の先生は、朝から夕まで體操場でピアノを弾いていらっしゃる。[34]」と記している。日本女子大学校に勤めるようになった体育教師、つまり白井の同僚であった高桑ハナは、「白井先生は厳しくはないですけれども感情家でした。…生徒はピアノを聞いてそれに合せて動くのですがすぐに忘れてしまう。体育係が忘れて棒立ちになっていると怒って家に戻られました。体育係があやまりに行くと奥様がなだめて下さって、再び出てきてやって下さるといった風でした。[35]」とインタビューに答えている。成瀬の葬儀にも列席したという18回生の想い出によると、白井の体操は音楽に合せた体操で易しく、楽しかったという。人柄について聞くと細身で柔かいムードをもっていたという。[36]号令や太鼓の音ではなく音楽に合わせた体操とう体育は、いずれにしても女子体育の一翼を担ったことは相違ないだろう。白井は昭和19（1944）年3月まで勤務した。[37]皇紀2000年であった昭和15（1940）年に表彰され、昭和13（1938）年に健康を害したため当時の校長であった井上秀に退職を願ったところ井上に慰留されたという。[38]これは白井の働きが日本女子大学校にいかに大

きいものであったかを物語る逸話であろう。

●注および引用参考文献
* 1　上沼八郎『近代日本女子体育史序説』、不昧堂書店、1959、p27
* 2　竹之下休蔵、岸野雄三『近代日本学校体育史』、東洋館出版社、1959、p57
* 3　同上、p59
* 4　真行寺朗生、吉原藤助『近代日本体育史』、日本体育学会、1928、p685
* 5　日本女子大学『家庭週報』、1553 号
* 6　石川が 1972 年 11 月 1 日に直接面談してインタビューした「高桑による白井の印象」を基にした。
* 7　馬場が 1985 年 9 月 24 日に 18 回生の北沢千枝氏、小竹美知子氏、岡見富美子氏にインタビューによる「白井の印象」を基にした。なお、小竹氏と岡見氏は体育係として当時活躍したそうである。また 18 回生がはじめて体育着を考案した回生だったという。
* 8　学校法人日本体育会『学校法人日本体育大学八十年史』、不昧堂出版、1973、p338
* 9　日本女子大学庶務課が 1978 年にまとめた『日本女子大学校の年次調査報告綴』
* 10　白井規矩郎「英国新式女子体操及び遊戯に付て」、『教育時論』572 号、開発社、1901、p20
* 11　白井規矩郎「女子体育実験談」、『教育時論』602 号、開発社、1902、p44
* 12　白井規矩郎「通俗音楽談」、『貴女の友』、1888、p41
* 13　白井規矩郎「女子と音楽」、『女子のとも』4 号、1897、p4
* 14　白井規矩郎「今様の唱歌」、『女子のとも』29 号、1898、p26
* 15　* 11、p44
* 16　同上
* 17　木下秀明編著『体育・スポーツ書解題』、不昧堂出版、1981、p443
* 18　同上、p249
* 19　* 10、p20

*20 　*2、pp62f
*21 　*11、p44
*22 　*10、pp20f
*23 　同上、p21
*24 　*8、p338
*25 　*11、44
*26 　*5
*27 　高島平三郎は白井と同じ頃日本体育大学に勤務していた。『体育原理』（1908）などの著書があるように体育学の確立のため貢献したが、後には体育畑から離れ女子大学には創立時より勤務している。
*28 　実践倫理学について、「実践倫理学 Practical ethics とは純正倫理学 Pure ethics に対して云ふ事なり。而して実践倫理学は純正倫理学の如く、理論、学説等を主とせざるも、其の中自ら整然たる秩序あるものなり。故に先ず之を諸子に咀嚼せしめん事を要す。現今、世界各国にて最も研究の新しきものは、社会学にして、それに続くものは婦人問題、労働問題等なり。故に予が受け持つ処のものは、時々刻刻に起り来る活問題にして須臾も研究を怠る可からざるものなり。諸子と共に直接研究すべきものなる故、学生の進むに先立ちて実行すべきものなり」（『日本女子大学八十年』1981）と説明されている。要するに、成瀬自身によって単なる徳育でないが、生き方について、あるいは社会評について論じいれた日本女子大学独特の教養講義であったといえよう。
*29 　*17、p232
*30 　白井規矩郎「吾人の研究せる女子体育法」、『日本女子大學校學報』、第1号、1903、p144
*31 　*10、p21
*32 　高島平三郎の孫であり、日本女子大学の常務理事を務めた高島忠雄氏（1968.4.1～1981.3.31）の話に基づいている。
*33 　日本女子大学『成瀬仁蔵著作集1』、1974、p135
*34 　瀧本種子『目白生活』、彩虹社書房、1916、p330
*35 　*6

＊36　＊7
＊37　＊8
＊38　日本女子大学『家庭週報』、1489号、1940

付記：使用した成瀬の書簡は現在、成瀬記念館所蔵、整理番号は「1045」である。

5　白井規矩郎の体育・スポーツ観

　白井の体育観を探るのに入手できたのは著書17点、論文41点である。現代でいうと体操論に関するものである。ここでは彼の体系化した体育理論をまとめてみたい。

　白井は日本では学校体育の主流であった普通体操、兵式体操を必然的に検討せざるをえなくなった。そうした背景の下に明治37（1904）年に発足したのが「体操遊戯調査会」[*1]であった。調査会の提案した案は、スウェーデン体操を中心にした体育教材への組替えであった。しかしながら日清戦争（明治27〈1894〉～28〈1895〉年）、日露戦争（明治37〈1904〉～38〈1905〉年）での勝利を糧に発言力を増した軍部の圧力で兵式体操も確実に強化されていた。調査会の提案を包摂しながら政府は体育を国家的な視点で統一してゆくことになる。白井はあくまで遊戯論者、かつ音楽家でもあったことから「新しい体操」を考えていた。ともあれ、時流を無視して白井の体操が生れるはずはないのである。

　白井は自分の体育観を体系化してまとめていないので、散在するそれと考えられるものを抽出する必要がある。白井は体育教師の在り方として、体育の目的を表記しているので、手始めにそれを覗いてみよう。白井は先述したように本来は音楽教師であったが、遊戯研究の一環として欧米の女子体操書を研究するうちに体育教師になった。白井の目に映っていた日本の体育教師は、欧米の体育教師が学習者にすこぶる信服されているのに対して相反するものであった。繰り返しになるが、1）教師として品性がない、2）体育家としての学識が不足している、3）教授法を研究していない[*2]などと論評している。この三点を裏返すと白井が理想とする体育教師に到達できる。さらに白井は2）と3）の具象例として、生理学、生理心理学、音楽、美学を修めるべきだと強調している。つまり、品性に当たる徳育、学識に当たる知育をも体育に包含させると考えたのである。これは成瀬が言う知育・徳育・体育の三位一体に符合する。

明治34（1901）年の『教育時論』で、体育の目的を「身体の発育を完全にして、姿勢の不整を矯正するのが第一の目的」と述べている。翌年の明治35（1902）年には同じく『教育時論』で、「身体の強健と精神の快活を誘導し、また女子にはなお美的情操を涵養する」と述べている。同年の日本女子大学校の機関紙であった『家庭週報』65号では「体育の効果には生理的効果、つまり健康と体格の維持及び改善と教育的効果、つまり意志の訓練の結果から生じる快活、決断、集中力、心身の完全な調和を計る」と述べている。最初の論文では身体の育成が主たる目的であると述べているが、次の論文では精神の育成と美的情操とが加わっている。そして最後の論文では、身体の育成（生理的効果）、意志の身体への伝達、心身の調和（教育的効果）を掲げている。

著書から時系列で抽出すると、初期の唱歌遊戯を提唱していた時代だと、たとえば、『新編小学遊戯全書』(1897)の緒論で、フレーベルの児童を誘発的に教育すべきという開発教育主義に準拠した遊戯の大切さを述べている。そしてその遊戯の効用としては、(1) 身体血液の循環を整斉すること、(2) 心性を活発にすること、(3) 学科の研究に疲労したる精神を慰安すること、(4) 知らず識らずして有益なる事実を知得することの4つを挙げている。アリスの"Girl's Training"を底本とした『女子生理的訓練法』(1901)の冒頭で、教育の目的は児童の心意的生活と身体的生活とを完全に発育せしめるものという前提で、身体的生活を児童発育の法則に従って適当に助け完全に養成すると述べている。『新式遊戯体操』(1902)では、「児童の身体を完全に強壮に発達せしめ、かつ温和に優美に薫陶し、愉快な運動を用いることで児童の自然の欲望を満足せしめるにあり。」と述べている。この著書はルス・ベーテスの"Musical Drill"の紹介である。『欧米最新女子運動と遊戯1』(1901)では、前半はF・ハーヴェの"Physical Exercises and Gymnastics"の紹介であり、女子体育の必要を述べた後に、身体運動が筋力を強くすること、脳と神経に機能するので勉学で疲労した部分の回復に役立つこと、身体運動は呼吸と血液循環をよくし、消化機能をよくすること、また皮膚に刺激を与え発汗をよくすることなど、身体の育成と姿勢の優美と心身の慰安に効果ある点を述べ

ている。最後に『最新教育的体操と遊戯』(1910)では、我が国の普通体操を紹介したリーランドの体育論をよく理解して、リーランドの講義の筆記であった横井琢磨の『体育論』をそのまま引用している。横井は知育、徳育、体育の均斉を主張しながらも、さらに身体の修練は他の知徳修養の基をなすことを考えれば特に重きを体育におくべきだという理論である。

　こうして彼の著書・執筆群を見てくると他の体育研究者の引用からなっていることが分かる。とはいってもその研究意欲は注目すべきものである。実際上の実技においては白井が他のものを援用しながらも考案したもので占有される。とりわけ音楽家であった白井が動きに合わせて独自に楽曲したところに彼の体育観が見え隠れするのである。成瀬と白井は「女子としての体育、女子らしき運動[*13]」で一致していたのであり、抽象的であるが白井の体育観はそこに収斂されている。白井の「女子としての体育、女子らしい運動」は、現代的にはジェンダー論的に問題があるが、女性が体育・スポーツに関わることが極小化された時代であったことからすると意味をもつものである。

　心身の育成と共に徳育にも貢献することにも触れている。日本女子大学校では創立以来、実践倫理と体育とを必修にしていた。実践倫理とは現代でも「教特」として連綿と継承されている教養特別講義である。知的教養、心的教養とともに身体的教養を希求したのであった。主にスポーツを普及させた松浦は、その点を首肯して「…いづれも体格に依って心身の平和醇美の素地を築き、之れに堅実な思想を培養せんとの目的であらうと信ぜられます。自分亦た此意義に則って体育法とせんがため究めている[*14]。」と述べている。

1) 体操の分類からみた体育観

　白井は当時欧米で実施されていた各体操をいくつかの論文で分類し検討している。各論文での分類に大差はない。そこで代表的な「欧米に現行する体操と遊戯[*15]」を取り上げる。白井は欧米の体操を5つに分類している。分類に先立って当時体育の中心をなしていた普通体操が陳腐で無味であると批判する人々が輩出し、新式の女子体操やスウェーデン体操が盛んに紹介されてい

るとの状況を述べている。

　白井がまず第一番目に挙げたのは「生理的訓練法」である。この体操法は生理的方面からであるが、心身を訓練することを目的としているとし、身体にのみ着眼する単なる体操から見ると心的生活の発達に注目したことが一歩進歩して居る[*16]、と述べている。第二番目に「生理的修養法」を挙げる。生理的訓練法が他者からの訓練、教育される方法をとるとすれば、この方法は自己修練的であり、身体の矯正を目的とするという。方法的にはサンドーの鉄亜鈴と三島通良の室内体育を挙げる[*17]。しかしやや医療的体操であるために学習者は興味をもちづらいと評している。第三番目には、「剛強的体操」と称した体操を挙げるが、主にスウェーデン体操を範とするという。狙いは生理的修養法に類似するが教育的である点が異なり、また、心理学的なものに頓着しない点は生理的訓練法とも異なるとする。第四番目は「軽麗的体操」を挙げ、剛強的体操と全く逆の体操法と言っている。すなわち柔軟性を付随させた体操ということであるため、男性には向いていないと述べている。最後に「兵式体操」を挙げ、形式的で興味が湧かない体操と論じる。以上の５つを国別の体操として把えると、生理的訓練法が英国式体操、生理的修養法と剛強的体操はスウェーデン体操、軽麗的体操は仏国式デルサート式体操、兵式体操はドイツ体操と換言できよう。白井が成瀬に紹介し、日本女子大学校に取り入れた体操は生理的訓練法の英国式体操であるので、身体だけでなく心的に作用した体操であったと言えよう。そしてこれこそが白井の体育観の底流である。

2）**普通体操批判**

　日本女子大学校の創立時は、明治15（1882）年頃から我が国の体育の主流であった普通体操への批判が惹起した時代であったが、批判の担い手は川瀬や井口らのスウェーデン体操推進者と、それよりも以前に高橋忠次郎や白井らの遊戯研究者の一群であった。白井と川瀬は友人同士であったことから相互に影響を及ぼしたと考えられるが、視点を変えれば両者とも普通体操を再

考していたのである。実際的に日本女子大学校で普通体操とは異なるスウェーデン体操を川瀬の妻である川瀬富美が、白井は生理的訓練法・英国式体操を学生たちに教授していたのである。[18] 白井は日本女子大学校に奉職する以前の日本体育会体操学校（現日本体育大学）で唱歌遊戯を教えつつ普通体操の授業を見て「自分は今の普通体操というものを研究した事がない。研究したことがないのに、之を論ずるのは、少し無鉄砲の話だが、体操学校で毎日見て居る。…普通体操は名こそ普通であるが、女子には不通となる所もある様だと思われる…」[19]と述べている。この文意から分ることは、白井の普通体操批判は机上論でなく、また他意でもなく実際に見聞したことでの批判であったということである。

ところで白井は「スウェーデン体操の普通体操」[20]とか「瑞典式を基とする普通体操は、生理的運動なれば…」[21]と表現している。すると一般通念からすると、リーランドによって紹介され明治15（1882）年6月には『新制体操術』、『新撰体操術』といった名の書物が出版されて、全国の学校体育を差配していた体操術が普通体操と呼ばれていたのであって、それを批判した川瀬や井口らによって紹介されたスウェーデン体操とは峻別されるべきである。白井の「スウェーデン体操の普通体操」とか「瑞典式を基とする普通体操」という表記には疑問が残るところだが、スウェーデン体操に普通体操と同じような兵式体操的な要素があった。それは木村吉次の指摘を受け入れると合点がいく。[22]

リーランドの普通体操は彼の創案ではなく米国のルイスの体操そのものであり、医療体操の一種であったのだが、[23]リーランドの普通体操が時代と共に兵式的要素が増した体操に変容したように、スウェーデン体操も我が国に紹介された時代を察すると木村が指摘するように、白井が「スウェーデン体操を基とした普通体操」と表記する時にそのような共通項が念頭にあったといえよう。今井嘉雄は当時の体操はスウェーデン式、ドイツ式のいずれかを中心としながらも各種の体操体系は交雑しており、その所属体系は明確でない、[24]と述べていることも同じようなことが言える。つまり時代とともに体操は複

合的なものに変容したのである。

3) 英国式体操の評価

　白井が遊戯論者であったことから、スウェーデン体操論支持者とともに普通体操の無味乾燥で形式的な面を批判したことはよく頷けるところである。すなわち白井の真骨頂は音楽教師として各地の学校に赴任している折、普通体操が男性用であること、しかも青年男子用の普通体操であると目に映った遊戯論者としての批判である。男女同一のものが実施されたことに大変ひどく失望さえ感じとり、体育が他教科の後塵を拝する因となっていることや興味が湧かない故に女性が体育嫌いとなっていることを嘆いている。とりわけ、興味や趣味がもてないことについて、「読書には其教材として諸般の事実を列記し、字義を了解せしむるに趣味を与へ、修身には例話を引用して、義理を覚知せしむるに興味を与ふ、単り体操に於いてのみ趣味を与へずとの理あらんや…[25]」といっているように体育においても学習者の興味を大切にしていたのである。具体的に、「趣味欠乏し且つ音楽を以て之れに調和せしむること能はず[26]」として、殊に女性の好む音楽に合わせた体育を志向していたのである。用具の必要なスウェーデン体操と比較して、もっと手軽に行うことができて「家でも復習できる体操」を考えていたのである。

　彼の望んだ体育とは、結論から言うと英国式とか、女子生理的訓練法とか呼ばれたものである。それは身体だけでなく、心性を重んじるものであり、学習者が興味を抱くこと、そのために音楽を体操と組み合わせたものを望んでいたのである。しかも無意識に身体的効果の上がるものを考えていた。正しくアリスの創案した体操はそれに適合したと判断したのであろう。当時英国でもスウェーデン体操が大勢を占めており、来日していたヒュースも英国の体操界はスウェーデン体操一色であると述べている[27]。そうした英国でもスウェーデン体操は「運動が個別的であり、女性用としては粗剛に失する傾きがある。身体の発育のみを主として、体育と心意陶冶に於ける関係を重んじない。[28]」と批判が起っていたのである。

やがて白井はその英国式体操と対峙する人と遭遇することになる。白井自身アリスの体操の欠点を次のように見なしていたのである。「音楽を解せざるものに施しては興味の較々減すること、及び或る部分に於ては規律を保つに難なること、或る一部には特別の用具を要する等なり[29]」と。確かに音楽教師としての白井にとっては音楽を伴う体操はいとも容易であったろうが、体育教師の全てが音楽に通じていたわけではない。また、形式・規律性からの脱皮が遊戯論者でもある白井の主張であったとすると、井口あぐりが白井の名を挙げている訳ではないが、白井の信奉する表情体操に対して、女性のため、女性らしさという点を強調すると生理・身体的育成が削減され、単なる舞踊のようになってしまうとの批判も出てくるのである[30]。明治39（1906）年の第6回の日本女子大学校の運動会には井口が来賓として参席している記録がある[31]。白井の体操を実際に見聞した上での批判であったとも思える。ともすると音楽的、美的な面に偏重しがちな白井の体操への批判と解釈できるだろう。この他にも「音楽に伴ふて体操をするのは体操としては極めて不完全である、決して同時に二者へ精神を注ぐことは出来ん其故音楽に注意すれば運動は鈍くなる、又運動を十分にすれば音楽に合せられるものでない[32]」と批判する人々がいたが、軽快な音楽を聞くと体が自然に動くという例を挙げ、運動と音楽が結び付くことは自然だと反論している。またある人々は「音楽体操は運動が不活発である、各動作に力が這入て居らぬ[33]」と批判している。確かに今までの体操が力感溢れたものだっただけに余計にそう思えたのであろう。白井は力を無闇に入れないのが英国式体操であり、力の入らぬ脱力に妙味があると反論している。

　以上のような反論の基礎には再び挙げるが「運動を連続的に、女性らしき動作に、心身の発育を均一に」という英国式体操の掲げる狙いがあったためだといえるであろう。かくして、白井は音楽家としての才能を活かして女子体育に貢献した有数の一人であったのである。

●注および引用参考文献

＊1　この調査会はやがて普通体操からスウェーデン体操への移行に貢献した会であり、そのメンバーの中に川瀬元九郎、井口あぐりがいた。

＊2　白井規矩郎「女子体育実験談」、『教育時論』、602号、開発社、1902、p44

＊3　白井規矩郎「英国新式女子体操及び遊戯に就て」、『教育時論』、572号、開発社、1901、p20

＊4　白井規矩郎「女子体育実験談（三）」、『教育時論』、604号、開発社、1902、p22

＊5　白井規矩郎「体育の効果」、日本女子大学『家庭週報』、65号、1902

＊6　白井規矩郎『新編小学遊戯全書』、同文館、1897

＊7　白井規矩郎『女子生理的訓練法』同文館、1901

＊8　白井規矩郎『新式遊戯体操』、同文館、1902

＊9　白井規矩郎『欧米最新女子運動と遊戯』、引道館、1909

＊10　日本女子大学の図書館には、白井の印を押した洋書がいくつか残っており、本書はその1つである。

＊11　白井規矩郎『最新教育的体操と遊戯』、嵩山房、1910

＊12　木下秀明偏著『体育・スポーツ書解題』、不昧堂出版、1981、p326

＊13　日本女子大学『家庭週報』、1288号、1935

＊14　日本女子大学『家庭週報』、45号、1917

＊15　白井規矩郎『教育時論』、609号、開発社、1960、p21

＊16　＊8

＊17　アンダーソン原著の"Physical Education"の補訳の中に健康体操がある。

＊18　白井規矩郎「女子体育実験談（二）」、『教育時論』、603号、開発社、1902、p25

＊19　白井規矩郎「普通体操に就て」、『教育時論』、584号、開発社、1901、p21

＊20　＊18、p25

＊21　白井規矩郎「普通体操に就て（中）」、『教育時論』、581号、開発社、1901、p21

＊22　木村吉次『日本体育思想史の形成』、杏林書房、1975、p207

＊23　石橋武彦、佐藤友久共著『日本の体操』、不昧堂書店、1966、p99

＊24　今村嘉雄『日本体育史　百年の歩みと実技』、不昧堂出版、1970、p378
＊25　＊21、p20
＊26　同上
＊27　西村絢子『体育に生涯をかけた女性　二階堂トクヨ』、杏林書院、1983、p76
＊28　白井規矩郎「吾人の研究せり女子体育法」、『日本女子大學校學報』、1号、1903、p144
＊29　＊21
＊30　＊22、p207
＊31　馬場哲雄、石川悦子『日本女子大学の運動会史』、日本女子大学体育研究室、1982、p31
＊32　＊28、p144
＊33　同上

6 白井規矩郎と運動会

　先に成瀬と白井が学士会館で対面した様子を記したが、成女高等女学校で白井の体操を成瀬は参観していた。「成瀬先生が能々成女学校に私の体操を来観せられ、其方法の美的穏健なる如何にも女子独特の体操なるに感じられた様でした。[*1]」とある。その日がいつであったかは定かでない。いずれにしても、平野の場合もフェリス女学校に赴いたように、白井の場合も体操指導を実際に視察して採用したことが分かる。白井の体育観の中枢をなす体操論の視座には、形式的な体操（兵式体操や普通体操など）に抗して、学習者が興味を抱き易く、あるいは青年男子のために偏向した体操の見直しにあった。運動会はその理念を公的に披露する実践の場であった。

1）運動会における白井規矩郎の体操

　運動会の目的は平時の正課体育の成果を公に発表することであった[*2]。第一回は明治34（1901）年の10月22日に行われた。プログラムは次の通りである[*3]。

　　（1）唱歌（君ケ代）（2）旗送り競争（3）提灯競争（4）配膳競争
　　（5）百足競争（6）唱歌（月の姿）（7）登校支度競争（8）毬投競争
　　（9）盆鞠競争（10）和歌組合せ競争（11）綱曳競争（12）裁縫競争
　　（13）唱歌（去年の今夜）（14）盲唖競争（15）手毬あやつり競争
　　（16）札拾競争（17）翻訳競争（18）盲目籠伏せ競争（19）唱歌（孤）
　　（20）球送り競争（21）御駕籠競争（22）気球煽合競争（23）輪抜競争
　　（24）陸上短艇競争（25）千鳥競争（26）盲目旗取競争
　　（27）バスケットボール（28）職員競争（29）唱歌（秋の月）
　　（30）軽気球打揚

　このプログラムを一望して明白なことは、競争遊戯が占有していたという

ことである。白井の専門とする表情体操はまだ１つも組み入れられておらず、５つの唱歌があるだけで唱歌遊戯でもなかったことに注目したい。白井は唱歌と遊戯を組み合わせた唱歌遊戯を、明治26（1893）年から発表している。たとえば、明治26（1893）年『保育遊戯と唱歌集』（敬文堂）、『保育遊戯唱歌集』（敬文堂）、明治30（1897）年『新編遊戯と唱歌』（同文館）、明治33（1900）年『唱歌遊戯』（三松堂）である。ところが、翌年の第二回目の運動会では、一変して白井の考案した作品やアレンジしたと思われる種目が全体で32種目の内、17種目を占めるようになる。その17種目を挙げると、以下の通りである。[*4]

(1) 徒手体操　ハーヴェ氏式　(2) 木環体操　アリス氏考案本校更訂
(3) 第２マーチ　ハドソン氏考案本校更訂　(4) 霞の富士
(5) 対抗唖鈴体操　ハドソン氏式　(6) 輪体操　クラデン氏式
(7) 夕立マーチ　クラデン氏考案再訂
(8) 可憐嬢　シースト氏考案本校再訂　(9) 容儀体操　デルサート式
(10) 提灯体操　モートン氏考案更訂　(11) シンバー体操　アリス式
(12) 第１メーボールダンス　ハースト氏考案
(13) 花月行　モートン氏考案本校更訂
(14) 紅葉狩　フルレル氏考案本校更訂
(15) かんざしの菊　ルーク氏考案本校更訂
(16) 第１虹電舞　モートン氏考案更訂
(17) 第３マーチ　アレキサンダー氏考案

理由としては、第一回目の時はまだ白井の体操が充分に浸透せず、発表するに機が熟していなかったのだが、ようやく１年後に成果を得たのであった。それほど技能の習得に時を要したともいえる。

第二回の運動会は、その後の運動会のプログラムの構成・設備などの面で基礎をなしたといわれ、種目を整理すると「美なる表情体操」、「巧妙なる技術遊戯」、「活発なる競争遊戯」の３つにまとめられている。[*5]そして第五回目

(明治38〈1905〉年）にもなると下記のように4つの種目に分類されている。[*6]

(1) 競争に属するもの
星月夜、菊畑、富士登山、風般競争、時雨競争、紅葉狩、非常練習競争、非常練習、凱旋門、満艦飾、黄白競争、網引、世界漫遊、爺婆競争。
(2) 競技に属するもの
ホッケー、ゴール・ボール、バスケットボール、ローンテニス。
(3) 技術に属するもの
行進遊戯、球竿体操、プラム体操、輪体操、唖鈴体操、竿体操、自転車、薙刀、鼓鈴体操、根棒体操、シンバー体操、徒手体操、木環遊戯、簡輪体操、世界の祝捷
(4) 表情に属するもの
常夏姫、綿つみ、渡り鳥、花売り、アマゾン。

この分類法に準じて、運動会における各回の実施状況を検討することにするが、白井自ら「毎回の運動会には校長と松浦運動部長とは主として競技方面を私は舞踊的体操を掌りましたが…」[*7]と述べているように、第二回の「表情体操」、第五回の「表情に属するもの」に関与したことなる。そこで、白井が関与したそれらの体操がどの程度発表されたかの頻度を示したのが表1である。

表1 運動会で実施された種目の分類
(尚、記載されていない回は不明)

回(年度)	技術に属するもの	表情に属するもの	全体
2 (M35)	9	7	32
3 (M36)	7	11	32
4 (M37)	8	11	33
5 (M38)	15	5	41
6 (M39)	11	13	40
7 (M40)	11	6	30
8 (M41)	11	5	36
14 (T 9)	12	11	45
15 (T10)	13	11	51
16 (T11)	17	13	58
17 (T14)	14	9	56
18 (T15)	12	11	56
19 (S 2)	16	10	60
20 (S 3)	8	13	51
21 (S 4)	13	4	56
22 (S 5)	3	6	28
23 (S 7)	6	4	43
24 (S 8)	4	5	51
25 (S 9)	5	7	49
26 (S10)	5	0	46
27 (S11)	4	3 (ダンス)	46
28 (S12)	3	2 (ダンス)	45

　表を概観すると昭和4(1929)年から白井の関わった諸体操は数として激減する。推察するに日本が軍事化へと直進した時代的背景を考えることができる。心身を強化訓練することが体育に求められ始めていたのである。その証左として昭和8(1933)年の運動会のプログラムには「飛行機」、「空襲」

といった名称の種目が登場し、翌昭和9（1934）年に至っては「非常時競争」なるものまでもが登場する。もう一点は白井の体操への批判が生起していたということである。第二次戦争直後に白井が回想して、批判の渦中、仲を取り持った2代目の麻生校長とは十分な意思疎通を得られず、「(運動会の)幹事役の塘には迷惑をかけた*8」と述べており、以下の記述の中に窺い知れる*9。

　若し此の印象を述べる目的が我校運動会の進歩発展に聊かでも神益があると言ふ事でしたら好い印象や華かな表面的の印象を述べた計りでもどふかと思ひますので、楽屋裏的な悪印象を一言申ませう。夫は微力な私が成瀬校長の殊遇に感激しつつ本校創立以来目標として来て居る「女子としての体育、女子らしき運動」の努力に対して得たる一部分を公開するや、最近毎会殆ど若干の人々が批判とか、講師とか厳めかしい名の下に蔵れ、末梢的な議論らしいものを振り回はし、少しも共同的とか進歩発展を慮るなどの温情を排斥して殊更に破壊的、妨害的な態度を取ると言ふ事実が遺憾ながら発芽生長し出した事です。

　この記述は「ハガキによる回答」であるが、表情体操が運動会から姿を消したことの理由に、もともと白井の体操への批判があったことを示すのではなかろうか。

2) 体操の内容

　創立時の学年は5学年程の附属高等女学校（3年と5年は2クラス）と、大学は英文、国文、家政、予備に分れていた。高等女学校の体育は週3時間が義務づけられ、その内の2時間は白井が女子体操を教え、他の1時間は川瀬富美がスウェーデン体操を受けもっていた*10。また大学の方は白井達の受けもちの体操の他、平野が容義体操（デルサート式体操）を担当したという*11。ところで白井は唖鈴体操を指導するにしても大学生と高等女学校生とでは異なったものを教授している。大学生にはアリス式を、高等女学校生にはハドソン式

をといった具合である。両者は方法的には難易度が違い、心理面でも後者の方が取り組み易い体操であった。学習者の発育発達に配慮した教授の一例である。[*12]

白井の代表的体操の基礎となった体操はアリスの考案した英国式体操、白井の名づけた生理的訓練法であった。その中には唖鈴体操、毬体操、木環体操、脛脚体操、シンバー体操、プラム体操、進行体操の7種類があった。白井は前任校の日本体育会体操学校（現日本体育大学）で、毬体操とシンバー体操とを教授したとあったが、そこでの指導は一演習を白井が憶え、次には一演習を学習者に施す、といった指導法を採っていた。[*13] 具体的にはシンバー体操の第一演習の一部分を挙げると、次のように円盤のような形をした打楽器の一種を打ち鳴らしながら行なう体操である。[*14*15]

踵を斉へ両腕を前面に垂下す、　　　　　　　　　　　（用意）

(1) 両腕を前面に展伸し（此際双手を近づけつつ右にて軽く）シンバーを打つ、同時に右足を前方へ出して趾を地に付け踵を躇ぐ、

　　　　　　　　　　　　　　　　　　　　　　　　（1小節）

(2) 両腕を垂下し更に後部より頭上に向けて半円を書く如くにし同時に両踵を斉へて頭上にシンバーを打つ、（此際目はシンバーに注ぐべし）

　　　　　　　　　　　　　　　　　　　　　　　　（2小節）

(3) 両腕を後部に円形運動をなして前面に肩と水平にしシンバーを打つ、同時に左足を前方へ出して踵を躇げ目は前面に注く、

　　　　　　　　　　　　　　　　　　　　　　　　（3小節）

(4) 2と同一の運動をなす　　　　　　　　　　　　　（4小節）

2回反覆すべし、

なお、これらの演習は最初は号令で行ない、習熟してきたところで、音楽に合わせて行なったようである。第三回の運動会を見学した多くの新聞、雑誌など記者の一人である『女子のとも』の記者が「以上各種の新式体操は皆ピアノの音調につれてその緩急の度に従って体操したのであるから仲々愉快に面白く高雅に見られた。併し平常は各自歌を唄ひつつするそうだ、殊にそれ等の体操を演ずるに当って場に出づるとき、各種各々異なった調子を奏楽によってとりつつ練り出し、又済んで退場するときも其の様で…」と記している様に、運動会の場ではピアノ伴奏に合わせて演じたことが分るし緩急の度に従った体操、すなわちリズム体操であったことが窺える。

3）白井規矩郎の著書と活用した文献

　白井は多くの著書を残している。取りあえず白井の著書を出版年代順に挙げてみることにする。

1、『保育遊戯唱歌集』、敬文堂、明治26（1893）年
2、『新編遊戯と唱歌』、同文館、明治30（1897）年
3、『新編小遊戯全書』、同文館、同年
4、『実験詳説遊戯唱歌大成』、同文館、明治33（1900）年
5、『実験女子遊戯教授書』、松村三松堂、同年
6、『唱歌遊戯』、三松堂、同年
7、『女子生理的訓練法』、同文館、明治34（1901）年
8、『団体競争陸軍遊戯』、同文館、同年
9、『通信教授新案遊戯法第1～4集』、同文館、明治35（1902）年
10、『新式女子表情体操』、育成会、明治34（1901）年-35（1902）年
11、『新式遊戯体操』、同文館、明治35（1902）年
12、『英国最近こどもの遊戯』、開発社、明治36（1903）年
13、『音楽体操第1編唖鈴体操』、十字屋、明治37（1904）年
14、『遊戯配当捷軍歌』、同文館、同年

15、『国定読本唱歌楽譜と遊戯法』、文学社、明治38（1905）年
16、『新式欧米美的遊戯』、修文館、明治40（1907）年
17、『内外遊戯二百番』、博文館、明治41（1908）年
18、『センチュリー式歩調と行進遊戯』、博文館、同年
19、『欧米最新女子運動と遊戯』、弘道館、明治42（1909）年
20、『体操と遊戯の時間』、啓成社、明治43（1910）年
21、『最新教育的体操と遊戯』、嵩山房、同年
22、『心身摂養代表的強健法』、止善堂、大正7（1918）年
23、『韻律体操と表情遊戯』、敬文館、大正1（1912）年

　これらの著書は3つの著書群に分類できよう。1つは「唱歌遊戯書」群で1、2、3、4、6、15が相当する。2つ目は「遊戯書」群で5、8、9、12、14、17、18、19が相当する。そして3つ目は「体操（表情・遊戯）書」群で7、10、11、13、16、20、21、22、23が相当するだろう。「体操（表情・遊戯）書」群の中で白井の体操の特長を示す表情体操は7、10、13、16、21、23を挙げ得るだろう。また著書の時系列から白井の体育観及び体操論の変遷そのものを見ることができる。つまり音楽家から体育家を示す唱歌遊戯から遊戯プロパー、あるいは体操へ移行する流れである。総体的に「音楽」、「遊戯」、「女子体操」という3つのキー・ワードを見ることができる。

4）渉猟した外国文献

　日本女子大学校の現図書館には、白井の数多くの著書のうち23の『韻律体操と表情遊戯』のみしかない。しかしながら、旧分類の図書の中には数10冊の洋書の中に数冊の「白井」の印が押された白井の蔵書だったと思われるものが残されている。白井の体育・体操観の底流となるアリス（James. R. Alice）の原著は発見できないが、白井の印があるもの以外に運動会で披瀝された表情体操の原著は以下のように現存する。しかも書き込みまである。

1　F. J. Harvey. "Physical Exercises and Gymnastics for Girls and Women" 1986.
2　W. G. Anderson. "Light Gymnastics ;Systematic Instruction in Physical Training"
3　T. Hillgrove, "Complete Practical Guide to the Art of Dance"
4　M. E. Hudso, "Manual of Drill"
5　W B Sutherland. "Physical Culture"
6　G Stebbins, "The Genevieve Stebbins System of Physical Training" 1899.
7　F. A. Adams, "Gesture and Pantomimic Action"
8　H. T. Landdown, "Dance Drill for Girls"
9　Elizabeth A. Middleton, "The Revel of the aids an Aesthetic Drill for Nine Young Ladies"
10　Elizabeth A. Middleton, "S-ARE Fantastics an Aesthetic Drill for Nine Young Ladies"
11　M. A. Jonstone "The Physical Training of Girls"

これらの著書の中でたとえば第八回の運動会（明治41〈1908〉年）では、2のAndersonの著書の中の美的体操の1つである鉄輪体操が箍輪体操として発表されている[18]。それよりも第二回（明治36〈1903〉年）には、6のStebbinsの体操が"アマゾン"という名で発表されている[19]。このアマゾンは第三回以降の運動会で連続的に発表され好評を博したもので、白鉢巻に白襷という扮装で、徒手体操を数回演じたかと思うと次には弓を引く、あるいは槍を投げるといったものであった。そして第二回（明治35〈1902〉年）には、1のHarveyの体操がプログラムのトップを飾って"徒手体操"という名で発表されている[20]。このHarveyの著書は『欧米最新女子運動と遊戯』[21]として白井が出版した著書の1つの章を構成し「体育の必要」として紹介されている。ここでは体育とは何かとの規定に答えたHarveyの考えが明示されて影響を

与えた文献である。この他明確に照合できないまでも白井の作品とElizabethの作品とは酷似している。白井の蔵書と運動会の種目が凡て符合しているのではないものの一部分は一致することは確かで、彼が外国文献を数多く収集し、読み込んで実践へと具象化していったのである。

確かに現存するものとしては先述した11点と音楽とダンスに係わる外国文献（英文、独文）の数点がある。この他白井自身が参考にした『体操と遊戯の時間[*22]』の中から拾い挙げると、以下の通りである。

1　H. Sunder: "Teacher's Manual of Physical Culture"
2　L. Bates: "Kindergarten Guide"
3　Newmann: "Musical Drills"
4　G. W. Lundgren: "Marching Calisthenics and Fancy Steps"
5　H. S. Anderson: "Artistic Work"
6　A. T. Story: Board School Gymnastics
7　W. A. Stecher : "German-American System of Gymnastics"
8　G. B. Levy: "La Formation De La Race"
9　F. W. Farrington: "Medburn Free Exercises"
10　Dio Lewis: "New Gymnastics"
11　Carl Betz: "Physical Culture"

白井は成瀬から進言されていたらしく「（体育は）純粋の欧米式のものよりも幾分にも日本女子の情操と言ふ点に考慮して校訂したものでなければ喜ばれませんでした[*23]」と述べている。そこで上述したような国内外の体育の研究に励み、成瀬の意図を斟酌して腐心していたのである。したがって成瀬と白井は色々な点で考えが合成されていった。たとえば時代の趨勢を占有し始めたスウェーデン体操への批判もその一つである。先に白井のスウェーデン体操批判は紹介したので、ここでは成瀬のそれを述べると「人は興味行はざれば万事成就し能ふものにあらず、例えば体育に於て、瑞典式体操の如きは如

何にも体操として価値あるものなれども、これにのみ走れば遂に無味乾燥となる事を免れば、表情体操や遊戯体操もこの興味を伴はしむる為めに必要欠くべからざるなり。」とある。[*24]

●注および引用参考文献
*1 日本女子大学『家庭週報』、1423号、1937
*2 馬場哲雄、石川悦子『日本女子大学の運動会史』、日本女子大学体育研究室、1982、p7
*3 同上、p10
*4 同上、p12
*5 同上、p11
*6 同上、p28
*7 日本女子大学『家庭週報』、1288号、1945
*8 *2、p7
*9 同上
*10 白井は「遊戯といってよい」と述べているが、内容からしてR.J. Aliceの英国式体操の一部と考えられる。
*11 白井規矩郎『教育時論』603号、開発社、1902、pp24f
*12 馬場哲雄、石川悦子「日本女子大学体育発展に貢献した人々（2）」、『日本女子大学紀要』、家政学部、33号、1986、p191
*13 白井規矩郎『教育時論』、572号、開発社、1901、pp20f
*14 白井規矩郎『教育時論』、575号、開発社、1901、pp21f
*15 R. J. Alice（白井規矩郎訳）、『女子生理的訓練法』、同文館、1901、pp150f
*16 同上、p145
*17 『日本女子大學校學報』第1号、1903、p198
*18 日本女子大学『家庭週報』、166号、1908
*19 *17、p195
*20 日本女子大学『家庭週報』、80号、1906
*21 弘道館より発行されたもので、ハーヴェーの「体育の必要性」の訳出後、

欧米人の考案した徒手、美的体操などが紹介されている。
* 22　この著書は明治43（1910）年に啓成社より発刊されたもので、学年毎の詳細な指導法が記されている。
* 23　*7
* 24　日本女子大学『家庭週報』、95号、1906

7　白井規矩郎と競技スポーツ

　白井の体育論の中枢は体操論であり、しかも音楽と体操を基調とした表情体操であった。その実践の有り様は日本女子大学校で同僚であった体育教師、高桑ハナや音楽教師、伊藤鈴のつぎの証言でも明白である。高桑は「白井先生は元々身体的に壮健ではなく、せいぜい無理のない山登りをなさる程度でした。先生は音楽学校（現東京芸術大学）を卒業なさったので、ピアノを弾きつつ体操を教えておられました。[*1]」と語り、伊藤も「白井先生は自分で研究した体操を学生の前で説明し、体育係が中心となり師範していました。先生は専らピアノの伴奏をなさっていました。[*2]」と語っている通りである。体育史上での研究でも白井に対する評価も同様である。[*3][*4]先に見たように彼の著書の大半は体操に関するものである。[*5]しかしながらバスケットボールや野球などの競技スポーツに関する著述も認めているのである。ここではそのような彼の競技スポーツ著述に視点を当てることにした。

　当時、我国はまだ体育学が充分に研究されていたとは言い難い時代であった。そのため、外国文献に頼らざるをえなかったのである。白井も体操、遊戯について、そして競技スポーツを紹介するに当たって外国文献に依存する以外になかった。ただし紹介する場合にもその人の体育観が反映していると考えられるのでその辺を探ってみたい。白井は雑誌論文、単行本で競技スポーツを紹介している。本稿では雑誌『教育時論』の論文[*6]と『通信教授新案遊戯法』[*7]の単行本を史料に論考する。

1）紹介した競技スポーツ
（1）ハンド・ボール

　この競技を白井は、ゴム毬を用い、幅3.6m、奥行10m〜12mの空間の中に板で作った壁を設け、その壁に毬を投げつけ、2人若しくは4人でリバウンドしてきたものを受け取る競技であると説明している。ハンド・ボールと

いえば一般に良く知られている Team Handball を想起する。その Team Handball は7人制の、手で行うサッカーとしてドイツで考案されたボールゲームである。類型学的にはサッカーに属する。ところが白井の紹介したハンド・ボールは内容からスカッシュに似ており、囲まれた壁からはね返ってきたボールをラケットでなく手で打ち返すという競技であることが分かる。テニスの原型であったパームボール、つまりパーム（手のひら）をハンドと読み替えたゲームと言えるだろう。ゲームやスポーツの沿革やルールを記した "Rules of the Game" によると Court handball とある。[*8]

(2) ラクロース

　白井はラクロース（現在はラクロスと表記する）について、テニスでいうとラケットに相当するクロスについて、テニスラケットよりは少し大きく、麻糸のような柔かいもので網が張られた用具とし、それを用いて地面にある毬を掬くって投げたり空中にあるボールを捕球してゲームを進めるボールゲームと説明している。白井が紹介しているこのラクロースは明治・大正・昭和前期には我国では決して人気のある種目として流布することはなかったが、1970年以降に拡がり、現在ではかなりの普及を見せているボールゲームとなっている。当時の日本女子大学校で実施されていた記録はないが、英米では行われていたゲームであったことは確かである。

(3) バスケットボール

　輿水はる海によると、女子バスケットボールを我国にはじめて紹介したのは成瀬仁蔵とされる。[*9]成瀬と白井のバスケットボールについては先に述べた通りであるが、白井のバスケットボール紹介は明治30（1897）年代以降の遊戯熱が高揚した流れで生起した、と輿水は論じている。[*10]谷釜了正も白井のバスケットボール紹介について遊戯教育の推進者の一人として紹介したとする。[*11]この両名の指摘はあくまで白井がバスケットボールを紹介する上での立場を述べたものである。両名が援用した史料『婦人界』中の白井論文[*12]に加えて、

ここでは『通信教授新案遊戯法』にある白井の論文[*13]を分析した。分析の結果、白井はバスケットボールのやり方にはさまざまな方法があるのでアメリカの友人に依頼してグーリック、セオドロホーフ・ハウ、ベルサ、そしてセンダ・ベレンソンらが会議で取り決めた方式なるものを入手したので、この論文で披瀝したとしている。その会議は1889年にマサチューセッツ州のスプリングフィールドで開かれたもので、女子バスケットボールを形成し規定したものであった。1901年には"Basket Ball for Women"という指導書として会議の全容が集大成されている。白井がわざわざ「一番完全なものを得ましたので…」[*14]と表現していることから彼が入手したものが"Basket Ball for Women"であった可能性は高いばかりか、ベレンソンらが考案したバスケットボール場である図1と白井の紹介した図2とを比較すると、そのことはより一層明確にできよう。

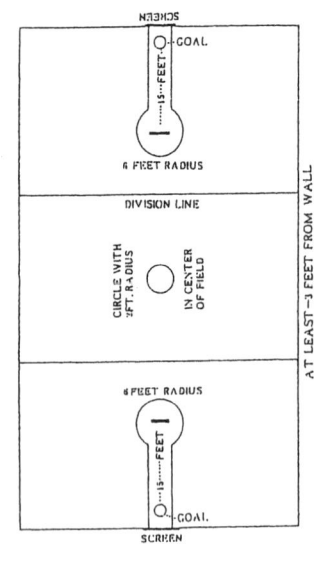

図1　ベレンソンらの考案した　　　　図2　白井の紹介した
　　　バスケットボール場　　　　　　　　　バスケットボール場

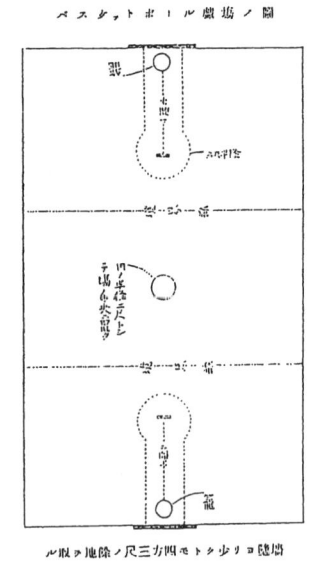

当時、女子のための競技スポーツと目されたのはホッケーとバスケットボールであった。それを証明するかのように小野泉太郎[*15]、鳥居百治[*16]、松浦政泰[*17]、高橋忠次郎[*18][*19]らがバスケットボールについて著述している。小野が考案したものは攻守の領域を明確にするため縄が張ってあり、ゴール・インした後のボールは一回一回、籠をつけた竿を抜きとったり、ろくろの作用で籠を上げ下げした。成瀬が考案したいわゆる日本式バスケットボールを小野も採用したので類似する[*20]。異なる点は日本式バスケットボールの場合は竿の根元に杭が打ち込まれ、竿と杭はゆとりある様に紐で結びつけられゴールインしたら竿を傾けてボールを取り出すという点である。白井も種々のバスケットボールがあることを自覚しており、バスケットボールの発祥地に原点を求めたのだと思われる。それが「完全なもの」という意味であろう。

(4) テザー・ボール

テザー・ボールとは、一本の柱に紐のついたボールを垂らし、そのボールを二人が交互にテニスラケットで打つのだが、一人は柱に巻きつけようとし、一人は巻きついた紐を解こうとするゲームである。費用はかからないが、一度に多数の人がプレイできない欠点があると指摘している。テザーという片仮名は"Tether"という牛や馬などを繋ぐつなぎ縄のことである。つなぎ縄が木に巻きつく様から考案されたゲームである。

(5) ベースボール

白井の紹介したベースボールの名称の前に、必ず女子用ベースボール[*21]とか女子ベースボール[*22]という風に"女子"という言葉が冠されている。バスケットボールの場合は"女子"とは明記されていないが、内容からしても女子用であった。するとベースボールに女子用という言葉を冠せざるを得なかったのは、バスケットボールそのものが男子にもわが国ではまだ定着していなかったのに対して、ベースボールの場合は明治初期には紹介され明治30年代には大学間の対校戦も行われており、そうした既成のベースボールとの差

異化を図ったのではなかろうか。実際、白井はこの球技が最近英国で考案されたこと、今までのベースボールは男子に限られていたが、このゲームに使用される用具と方法は女性にも快味を与えることができることなどを挙げている。[23]

ところで白井が紹介した女子用ベースボールは、「同校体操教師白井規矩郎氏は種々考案の末今回ベースボールに改良を加えて其の位置を五角とし相互の距離を短かくし、これを大学生徒に試みつつあるが成績頗るよろしき由にて本月同校設立記念会の節には余興旁々此改良ベースボールを行う筈なり…と聞く」[24]と評されていた。この記事からすると白井は既成の男子用ベースボールを改良したように受け取られがちだが図3と図4とを見ると、白井自身も述べるように彼が改良したのは既成の米国のベースボールでなく、"Rounders"[25]であったと思われる。Roundersという球技は18世紀の英国では木の棒を使用してボールを打ち、木の杭でつくられたベースを走ってまわる「ベースボール」という名称の球技があった。やがて19世紀の初めにはこのゲームは地方的に"Feeder"とか"Rounders"と呼ばれるようになった。さらに1829年にロンドンで発行された子どもの遊戯書"Boy's own Book"にはRoundersの解説が掲載されている。[26]確証はできないが、そうした文献を白井が参照して紹介した可能性はある。

Roundersのどの部分を改良したのであろうか。図3でも明らかなようにRoundersは五角形である。塁間は約12mであり、一般的ベースボールより塁間が短かい、内外野の区別もないしボールもゴム製である。従って非力で走力もないとされた女性にRoundersは適当であると考えられたのであろう。そうしたRoundersを白井はそのまま受け容れず改良を加えている。図4でも見てとれるように、本来は木製の棒でボールを打ったのであるが、白井は棒の代わりにテニスラケットを使用している。打点面が大きくなり、かつ安全性を考慮したのであろう。その他外野にはテニス用ネットが張りめぐらされている。スペースの問題、身体的疲労を防ぐ工夫であろうか。なお、この女子用ベースボールは創立2年目の明治35（1902）年の第二回の日本女子大

学校の運動会で披露され、[*27]学内でも熱中するものがあった[*28]と報じられている。しかしその後の運動会のプログラムに見ることはできない。

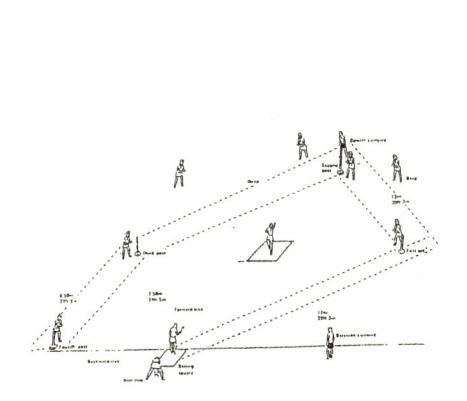

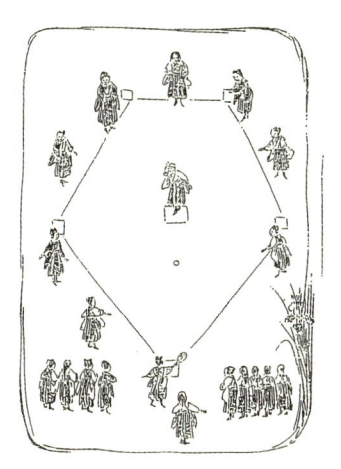

図3 イギリスで実施されていた Rounders (J. Wilinson: Rules of the Game)

図4 白井が紹介した女子用ベースボール

(6) サットル・コック

　これは日本の羽根つきに似ているが、日本のものよりも羽根が大きいことや羽子板の代りに特製のラケットを使用する点が違う。今日でいうバドミントンを指すと思われる。紹介した文章が短くはっきりした点は分かりづらい。木村毅によると我が国には『紅毛雑話』(1789)にバドミントンのラケットとシャトルの挿し絵が記載されているように、江戸時代から羽根つきと別にバドミントンが実施されていたという。[*29]

(7) サッフル・ボード

　このゲームは幅1m50cmから2m、長さ2m50cmぐらいの盤の上に円径10cmぐらいの鉄製の硬貨のようなものを滑らす (Shuflle) 遊びと説明している。こういった類には木製の円盤型を投げてピンを倒す Skittles や我国で知

名のあるものは Tempin Bowling があるが、用具の調達の面で困難であったようだ。

(8) クロック・ゴルフ

　このゲームはクロッケーの槌とボールでできるもので、地上に円形を描きそれを12等分し、さらに円の周囲に小さい円を12個描き、1から12までの番号をつけたその小円を槌で打ってボールを番号順に押し進める。時計のように巡るので、"クロック・ゴルフ"と名付けられていたと説明している。

2) 改良した競技スポーツ

　彼は競技スポーツ及びゲームの改良をしている。たとえばホッケーに類似した「新式女子遊戯」を考案している。ホッケーに使用するスティックはその当時高価であり、帰国したばかりの安井哲子も現在のお茶の水女子大学で実施させたいが残念ながらとりやめたいと述べている程である。そのような状況の中で白井は自然に曲った木や縁日で売っている杖を代用してもよいとしている。またプレイヤーは横に動くことを禁じられ決められた縦のスペースしか動くことはできない[*31]としている。そうすることによって身体接触を避けようとしたのだと思う。

　白井が我国に導入した競技スポーツの問題点は、用具と場所の問題が随伴した。そこで用具に関して、新しく発注すると高価なものになってしまうので身近なもので代用した。テニスは既に流布したスポーツであったこともあり、Rounders のバットをテニスラケットで代用している。ホッケーのスティックに関しても然りである。場所に関しては運動場や空き地を確保するのは容易ではなかった。そこでベースボールでは外野を狭くしたり、塁間を短くしたりしている。また女性の体力を考慮して考案している。つまり、「(成瀬)校長は純粋の欧米式のものよりも幾分にても日本女子の情操と云ふ点に考慮して校訂したものでなければ喜ばれませんでした。[*32]」と述懐しているように、白井は日本式の体育法を唱導した[*33]成瀬の体育観に準拠した改良に

努めたのであった。

3) 健康に関する提言

最後に白井の健康に関する考えをまとめることで、側面から彼の体育観を眺望してみることにする。まず白井は体育が生涯的に大切であるとして「学校に於いての体育は、数年来、非常の勢いを持って発達してきたが、独り学課として学ぶのみで、日常家庭において応用されなければ、決して体育の目的は達成されるもので無い事は、此處に言を俟たぬのである。殊に一生から見ると学校時代は極めて短いもので、其の前後は家庭時代であるのみならず、いかに学校時代の有効な体育を授けようにも、其の前の家庭の体育を誤るに於いては、不可能の事であり、また学校卒業後全く体育の心得を忘るるに至っては殊更ら尊い時間を数ゆる必要は無いのである。即ち人は生を愛する以上は、何人も一生を通じて体育を怠ってはならぬ」と述べている。いわゆる生涯体育の必要性について言及しているのである。

白井は、体育学の範疇からすると体育方法論者である。つまり表情体操の研究者である。もちろん先に見たように競技スポーツにも関心を持っていた。ということでどちらかというと生理学、医学と結びついた健康論は論じていないように思える。しかしながら、彼は体育教師たる者は生理学、生理的心理学、音楽、美学などを修めていなくてはならぬと述べている。そこで自戒しながら医学的な研究にも触手をのばしたようである。たとえば「食物と健康」との題で、(1) 飲食の全てにおいて精神が愉快であること、(2) 毎朝、温湯を飲むこと、(3) 咀嚼を充分に行うこと、(4) 疲労した時は食事を1～2時間後に延ばすこと、(5) 充分な咀嚼ができない程に非常に忙しいときは食べるのを控えること、(6) 糖分を好む人がいるがなるべく調味されたものとして採ること、(7) 水分としては水が最高である。コーヒーは適宜に採れば無害であること、(8) 発熱して飢渇を覚えてもすぐに多量の水を与えないこと、といった諸点を挙げている。「健康と肥瘦」では、肥満と痩せのいずれにも運動は大事であり、それは身長と体重が大事だとして事例を数値で表

している。明治 35（1902）年には「身体検査学に付いて」[*38]という論文で、我が国では軍人と学生の身体検査はなされるが、一般人のそれがない。一般人も定期検査をすべきであると論じている。また全国の体育教師の指針になることを願ってサージャント、アムベルスト、ギューリック、セーベルのものは参照できるとしながら、学校では運動をした後に測定するのも良いとする。つまり運動の効果を見るということであろう。

かくして健康は生涯のものであること、健康のために留意すべき生活の在り方、一般人の定期検診、運動効果の測定などについて論じていて、今日に通用する視点で提言していて興味深い。

● 注および引用参考文献

*1 石川が 1972 年 11 月 1 日に高桑にインタビューした記録。尚、高桑は日本女子大学を卒業後体育教師として勤務した。

*2 馬場と石川が 1984 年 5 月 9 日に音楽教師であった伊藤にインタビューした記録。

*3 佐藤友久、森直幹編著、『体育書解題』、道和書院、1978、p106

*4 真行寺朗生、吉原藤助共著、『近代日本体育史』、浅見文林堂、1913、P685

*5 *3 と *4 の中で白井の著書と彼が使用したと思われる外国文献を列挙した。

*6 白井は『教育時論』、『婦人界』、『女学世界』などに発表している。

*7 遊戯法研究会（主任白井規矩郎）、『通信教授新案遊戯法』1～4 号、同文館、1902、この会は白井が遊戯研究のために設立したもので、音楽的遊戯法、競争的遊戯法、遊戯体操法、遊戯講話、普通遊戯とに遊戯を分けて論じているが、外国の遊戯紹介は主に競争的遊戯法の中で紹介している。

*8 Jack Wilkinson (ed) *Rules of The Game*. Paddington Press Ltd. 1974. p108

*9 興水はる海「女子バスケットボールに関する研究 (2)」、『お茶の水女子大学人文科学紀要』第 31 号、1978、p92

*10 同上、p94

*11　谷釜了正「〈球籠遊戯〉から〈バスケット・ボールへ〉」、『日本体育大学紀要』、第7号、1977、p3

*12　『婦人界』、2号、1903

*13　*7

*14　*12、p144

*15　佐竹郭公「女学生とバスケットボール」、『女学世界』、2-9号、博文館、1902、p113

*16　小野泉太郎「日本婦人」、『女学世界』、31号、博文館、1902、pp20-22

*17　鳥居百治他「体育的自然の遊戯」、『女学世界』、80-82号、博文館、1903、pp204f

*18　松浦政泰『女学世界』、5、12号、博文館、1906、pp161-66

*19　高橋忠次郎、松浦政泰『家庭遊戯法』、博文館、1909pp170-76

*20　*18、p161

*21　白井規矩郎「欧米に現行する体操と遊戯（二）」、『教育時論』、610号、開発社、1902、p19

*22　美軒子「秋季運動会の記」、『日本女子大學校學報』、2号、1903、p202

*23　*21

*24　女学世界の記者は「女学生のベースボール」と題して白井の女子用ベースボールを報じている（『女学世界』、2巻6号1902年）。

*25　*7、p53

*26　岸野雄三『最新スポーツ大事典』、大修館、1987、p1255

*27　*24、p204

*28　*22、p202

*29　木村毅『日本スポーツ文化史』、ベースボールマガジン社、1978、pp137-139

*30　*15、p113

*31　白井規矩郎「新式女子遊戯」、『女学世界』3巻、14号、博文館、1904、pp163-164

*32　日本女子大学『家庭週報』1288号、1915、p6

*33　日本女子大学『成瀬仁蔵著作集』第1巻、1974、p122

＊34　白井規矩郎「家庭における体育」、『家庭週報』、36号、1906、p2
＊35　白井規矩郎「女子体育実験談」、『教育時報』、602号、開発社、1902、p44
＊36　白井規矩郎「体育雑談（二）」、『家庭週報』、199号、1902、p6
＊37　白井規矩郎「体育雑談（一）」、『家庭週報』、197号、1902、p6
＊38　白井規矩郎「身体検査学に付いて」、『教育時報』、624号、開発社、1902、pp21-23

8 「新しい女」平塚らいてうと日本女子大学校の体育・スポーツ

　意味内容的からみて無関係だとする他説があるものの、イギリスで「新しい女」と呼ばれた者たちが、ブルーのストッキングを穿いていたことに準えて平塚らいてう等が設立した青鞜社の『青鞜』は、そこに由来を持つといわれる。ブルーストッキングと同様に「新しい女」の表象の一つは自転車であった。娯楽性も保持したが男性を中心とした社会への挑戦、あるいは解放を表現した要素もあった。というのは女性の自転車は、ただ単に男性主導のスポーツ界に介入したというだけではなくて、服装の改変にまで及ぶ古い女性観の桎梏からの解放的行為であったからである[*1]。らいてうは、次のように謳いあげている[*2]。

　　「新しい女」はただ男の利己心の上に築かれた旧道徳や法律を破壊するばかりでなく、日に日に新たな太陽の明徳さをもって心霊の上に新宗教、新道徳、新法律の行われる新王国を創造しようとしている。実に「新しい女」は天職の創造にある。さらば新王国とは？　新宗教とは？　新道徳とは？　新法律とは？　「新しい女」はいまだそれを知らない。ただ「新しい女」はいまだ知られざるもののために、自己の天職のために、研究し、修養し、努力し、苦悶する。

　それは理念的な挑戦にとどまらず、青鞜社のたち上げに見られるように女性の自由と解放という理念の具象化であった。自転車は、さらなる自由と解放への具象化であったのである。
　「新しい女」と呼ばれたらいてうを初めとして、長沼智恵子、木村政らも熱心な運動・スポーツの実践者であったことに着目した[*3]。そのために彼女たちが関わった成瀬仁蔵及び日本女子大学校の体育・スポーツがいかなる影響

を賦与したかを言及したい。その接近のために、主に『平塚らいてう著作集』に所収されている論文、随筆等に加えて、自伝『わたくしの歩いた道』、『元始、女性は太陽であった』に記載された体育・スポーツに関する史料を検証する。

1) 幼少時代の遊びと運動
(1) 遊び

　らいてうは5歳から富士見幼稚園に通い始めた。陽気で健康だった2つ歳上の姉と違ってかんしゃく持ちで、感情家であったらしい。食も細くおやつのお菓子半分は姉に食べてもらった[*4]という。切り紙や豆細工をしながら遊んだが、遊戯の時に人前に出されると足がすくむような気弱な子であったようである。7歳になると富士見小学校にあがる。ある時、近所の男の子が家に遊びに来て窓の鉄棒によじ登ったのを見て、真似して登ると、母親に「女の子のすることでない」と厳しく叱られ「承服しかねた」と述懐している。[*5]幼い時から既に遊び方においてさえも男女平等の意識があったのだろうか。単なる反抗心だったのだろうか。そうした感性は男の子だけが蝉取りを許されていたことに不満を抱いたことにも表されている。[*6]3年生の時に、本郷駒込に転居したことに伴い誠之小学校に転校した。その頃の遊びの思い出として、[*7]手先が器用ですぐにお手玉、手毬、竹がえし、おはじきなどの技術を習得して友人を負かせたこと、またお手玉への熱中振りは、学校の休み時間中の廊下、通学途中、食事中にご飯をつけてもらっている間まで行為が及んだようで、そのような性格を、姉は大雑把であったのに対して気のすむまで丹念に行う方であったと分析している。その頃の運動会で、女生徒の競技としてお手玉をしながら走り、お盆に載せて走る種目があったこと、ゴム毬つきをしたことなどを回顧している。ゴム毬つきに関して、今の子供たちは足を上げて潜らせるようなことをするが、自分たちの頃はそのような行為はお転婆と退けられたと往時を振り返っている。さらに2～3メートルの範囲内で、小楊枝大の杉の皮を隠し、捜し当てるといった「芥かくし」の遊びの経験が主

婦になっても捜しものをする時に役立つことを述べており、引っ込み思案であったが、遊びに関しては器用な面があり、何事も究めるような性格の一端が窺える。

(2) 習いごと

小学校3年の時に麹町から駒込に転居した後、自分の意志ではなく母親の勧めで週2回ほど琴とお茶を姉や従妹と共に習っている。琴に関しては高等女学校時代まで続いたという。師範の仕草がおかしくて笑いこけたことども[*8]を書き残している。礼儀作法の中にちょっとした遊び心を垣間見る瞬間である。[*9]

(3) 釣り

らいてうは姉と共に父親に連れられて、小石川の江戸川端にあった釣堀に出掛けた思い出を、客は男性ばかりだったのか「お嬢ちゃん、お嬢ちゃんと珍しがられた[*10]」と振り返っている。父親の影響で女の子が余り行わない「釣り」という遊びを体験していたことが分かる。三年生の頃、通信簿の所見の項に「どうも友達と話をすることを避けているし、遊ぶことも嫌っているらしい。家庭でどうか。注意してほしい云々。」と書かれており、塞ぎ込んで泣いていると、父親が「何も悪いことをしたと言って先生から叱られたのじゃないんだ。だから泣くことはないよ[*11]。」と慰められたという。その時の思いの中には、なぜ友達と話をしたり遊ぶ必要があるのだろう、一人だって淋しくないと思っており、姉や限られた友人との遊びには加わっても、自分の方から友人を誘って遊ぶまでの積極性はなかったことが分かる。30年後の後日談として、所見を書いた先生が、「あんなに変わった人もいない。あのおとなしい子供がどうしてあんなに変わったか。内気で口もきけなかった娘が…[*12]」と追想しているぐらいである。そうだとすると、思索することの好きだったらいてうは[*13]、後で分かるように女学校、女子大学校と進むにつれ、社会性が増して自己を表現できるまでに変貌していたのである。

2) お茶の水高等女学校時代の体育・スポーツとの関わり
(1) 水泳
　幼少の折から釣りに慣れ親しんでいたらいてうは、葉山の御用邸の傍に避暑のために出掛けるようになってからも釣りを楽しんでいる。たとえば、宿泊した家の近くには海に流れを注ぐ川があり、そこではぜや鰻を釣りあげ、父親が投げた網にかかった鮎を手づかみにするなど大いに楽しんでいる。明治31（1898）年にお茶の水高等女学校に入学するが、その頃葉山で水泳の技能を習得したことを振り返っている。*14 らいてうの宿泊先から300～400メートルほど離れた逗子寄りに、明治憲法の起草に当たり、文部大臣も務めた井上毅の別荘があった。井上の娘とは同級生であったこともあり、別荘の傍で共に水泳を教わっている。*15 水泳を教えたのは、その同級生に英語を教えていた外国人の家庭教師アリスであったという。最初はようやく浮くだけで、めちゃくちゃに手足をバタつかせるばかりであったようだが、母の手作りの白キャラコのワンピース型水着、つばの広い経木の帽子をかぶって、アリスの丁寧な基礎的な指導の下、腰にひもをつけられて強引に深みに導かれ、少しずつ泳げるようになったという。
　そもそも海水浴場は明治17（1884）年に横浜海岸通りに、明治18（1885）年に大磯に開設された。*16 本来は武術として発達した水泳は、明治になって楽しみも包含した水泳に変容された。つまり隅田川などで各流派の技法を継承しながらスポーツに展開していったのだ。学校が課外体育として川や海に水泳場を設置して水泳部を起したのは、明治20年代といわれている。たとえば学習院は明治23（1890）年に隅田川と翌年の片瀬に、東京大学は明治31（1898）年に静岡の戸田に水泳場を設置している。*17 すると水泳の達者な人というのは、海辺、水辺などの地元の人に学生たちだけであったこと、明治22（1889）年8月17日付けの新聞に「婦人の海水浴に世間驚く」という記事*18 がわざわざ掲載されたことなどを考慮に入れると、らいてうの水泳体験は非常に珍しい方であったといえよう。お茶の水高等女学校に在籍したのは明治31（1898）年以降であるので、少しずつではあるが、女性の海水浴が流行り

始めた時期ではあったとしても「風俗を乱さねば…」との表記[19]があったほどに進歩的な考えを持たない限りは女性水泳は勇気のいるスポーツ実践[20]であったのである。

(2) 体育の授業

　女学校時代の体育に関しては「昔の女学生と今の女学生[21]」の中に記している。それによると、体操、遊戯、ダンスなどが盛んに体育の教材として用いられていた。らいてうは自分が接した体育教師として井口あぐりを挙げている。当時の体育の主なる教材は、明治政府がアメリカより招聘したリーランドによって紹介された「普通体操」と呼ばれた体操であった。それに対して、井口は日本女子大学校の校医でもあった川瀬元九郎と同時期に、合理的な新しい体操という触れ込みで「スウェーデン体操」を日本に導入した一人であった。普通体操は号令の下で施行されるので無味乾燥であるとか、女性、子供には不向きだと評される中で[22]、井口はスウェーデン体操を生理的知見を基底とした体操であるとして推奨していた。なお、井口は日本女子大学校の運動会を参観しており、日本女子大学校初代体育教師、白井の表情体操を批判しているので[23]、日本女子大学校の体育をある程度周知していたことが分かる。らいてうは他の体育教材としてテニス、ピンポン、輪なげが採用されていたという。また体操の嫌いな学生には、ダンスが好まれたと述べている。そのダンスとはソーシャルダンスではなく、コチコン、カドリール[24]のような組舞踊であったと記している。その舞踊は鹿鳴館時代の名残を示すものであり、お茶の水高等女学校の運動会の呼び物でもあったらしい[25]。

(3) テニス

　人前に出ることを渋る内面性をもったらいてうであったが、テニスはお茶の水高等女学校の3年生頃から日本女子大学校に入学後も卒業するまで休みなく行った[26]。お茶の水高等女学校時代には天皇機関説を唱えたことで有名な美濃部達吉の妻となった菊池多美子が、日本女子大学校に入ってからは、長

沼（高村）智恵子がテニス友達であった。相当に上達したと自己評価しており、日本女子大学校に入学するまでにすでにある程度の技能を持っていたことが分かる。

3) 日本女子大学校時代の体育、スポーツとの関わり
(1) テニス

らいてうは日本女子大学校に入ってからもテニスを続けたのだが、その思い出は長沼（高村）智恵子とプレイしたことである。智恵子は寮生であり、らいてうは通学生であった（寮生活も経験している）ので接点の少ない二人を結びつけたのがテニスであった。[*27] 智恵子は福島県の女学校でテニス経験があり、日本女子大学校に進学した後でも体育会テニス部に所属した。しかも大学生86人、高等女学校生88人の幹事を務めている。幹事は2名で、その役割は「記録簿と曾計簿を預かり、會費の領収ボールの購入會員の異動等の万般の會務を處理し、學期の終わり毎に會務の報告をなすべし」[*28] とされている。今日的にいうと運用とマネジメントをしている。先の女学校時代にテニス経験者であったこと、技能が高かったことが幹事に選抜された理由とも考えられるが、いずれにしても智恵子はテニス部で重要な役回りをこなしていたことが分かる。ところで、二人の技能はかなりレベルの高いものであった。というのも先述したように、らいてうは自分のテニス技能に自信をもっていたし、智恵子の場合も松島光明が紹介しているように、女学校時代に余りにも強いので、対戦相手がラケットを放り投げて先生に叱られた、[*29] という逸話が残っているぐらいである。らいてうも智恵子と対戦した感触を次のように追憶している。[*30]

　全体の印象がまことにゆるやかな人でした。話をする時も人の顔を見ないでいつも下を向いているのです。コートの上でも、しじゅう下を向きながら駆けまわるような人でしたが、この長沼さんのサーヴの球の強かったこと、ネットすれすれの強い球がとびこんでくるのには、いつも

悩まされたものでした。

　この文言から智恵子の得意はサーヴであったことが分かる。強いサーヴが打てたということは肩や手首の筋力が強かったことを想像させてくれる。
　テニス部は正式にはローンテニス部という名称であった。ローン、つまり芝生であるがその可能性は低い。当時ローンテニスと呼ばれても土のコートを指していたからである[*31]。コートは校内に1つ、外寮に2つあったという。テニス部は20人ぐらいを1グループとして構成されていたが、二人は共にプレイしていたのであるから同じグループ（バンドと呼ばれていた）に所属していたと考えられる。わが国におけるテニスの歴史的推移を見ると[*32]、はじめて行われたのは諸説紛々であるものの、明治11（1878）年に横浜の山手公園で居留地の軍人や宣教師などの外国人、とりわけ女性に向いているということで公使、軍人、宣教師の夫人が行っていたとされる。日本人としては、同じ年に体操伝習所（現在の筑波大学体育群）に体育普及のために就任したリーランドに指導された学生たちが行っていた。すると、全国に拡がり定着するためには数年を経る必要があっただろうから明治15（1882）年過ぎということになろう。先の外国人が使用したボールはゴムをフランネルで覆った硬式であり、外国から取り寄せた高価なものであった。そこでテニスは明治20（1887）年代の半ば頃、高等師範学校の依頼で三田土ゴム会社が、硬式のテニスボールの代わりに低廉で入手できるいわゆる軟式テニスボールを考案し、卒業生が全国に散らばるに比例して拡大し伝播していった[*33]、といわれている。その辺のことは島崎藤村の明治39（1906）年の小説『破戒』にテニスの盛況振りが描かれている。師範学校、福島の女学校、お茶の水高等女学校を点と線で捉えると、女学校時代のらいてう、智恵子は軟式テニスをしていたと考えられる。日本女子大学校での二人のテニスが硬式か軟式であったかは明記されていない。もし硬式テニスであったとしたら外国からボールを取り寄せる必要があるので174人の部員がいたことなどを勘案すると軟式テニスであったと考えるのが自然のようである。

(2) バスケットボール

　成瀬仁蔵はアメリカでの留学を終えて帰国した後に、バスケットボールを積極的に体育教材に採用した。それは彼の3つの教育理念の1つである「共同奉仕」との関連が強い。というのは、成瀬には女性は社会性が欠如しているという認識があり、チームワークを要するバスケットボールにそのことを期待していたのである[*34]。そうしたバスケットボールに、幼い頃は内気で友人づくりが苦手だった、社会性の無いらいてうも日本女子大学校では関わることになった。そのことを以下のように、往時を懐かしそうに振り返っている[*35]。

> 　近頃、屋根裏部屋の古本類を整理したとき、ほとんど忘れていたような昔の写真の中から、運動会の時の家政科対文科のバスケットボールの競技の写真や、私がいた七寮の寮生だけの記念写真などが出てきました。高くかかげられたバスケットボールの下に群れ立つ、運動服の女学生の中に、どうしても名を思い出せない人もいますが、顔だけはみな記憶に鮮やかななつかしいものばかり、自分もたしかにいた筈だとさがしたら、大きな顔の盛り上がった肩の蔭に、小さな顔をのぞかせて細々と立っていました。こんなにまで小さかったかと呆れるばかりの姿です。この時は何でも家政科が敗けた年で、私は列をつくって退場するとき、ホロホロと涙を流したのを恥ずかしく思ったことを覚えております。

　また、智恵子も先述した松島光明の著書の52頁に掲載されている史料写真「日本女子大学校時代の智恵子」にはバスケットボールのユニフォーム姿で写っている。

　ところで、らいてうが参加したバスケットボールは、日本式バスケットと呼ばれ、現代のものとはかなり異なっていた。プレイヤーは現代では5名であり、コートを自由自在に動けるが、当時のものは1チーム20名、コートは前軍7名、中軍7名、本軍6名による3区分されていて動く範囲が限定されていた。20名に加えて遊軍という名のコート外でボールを拾い、監軍（審

判）にボールを渡す役目のプレイヤーもいた。当時の『日本女子大學校學報[*36]』によると選手25名とあり、当時のバスケットボールの選手が写った選手を数えると47名おり、選手数は固定していなかったのかもしれない。いずれにしても、らいてうがバスケットボールの試合に出場したことは事実である。らいてうの所属する家政科が負けた結果は、当時の記録によれば6回戦が行われ4対2であった。思索好きのらいてうが涙を流して悔しがったという件は、らいてうの一側面を見るようで興味をそそる。

(3) 自転車

　らいてうが自転車に乗ったことを明記したものは現時点では発見することができない。しかし在学中に自転車にさまざまな形で接触したことは確かである。たとえば、智恵子が校庭で自転車に乗っているのを見ながら、次のように描写している。[*37]

> わたくしは放課後にはいつでも学校の図書館に居残っていましたが、書見に疲れた眼で窓の外を見ると、人影の絶えて広々と見える運動場を智恵子さんがただひとり、自転車を乗りまわしているのがじつに自由で、たのしそうに見えました。自転車はこのひとの得意でしたから、当時の女子大運動会のよびものの一つだった自転車行進には必ず出ていました。白い円顔の小首をこころもち左にまげて（これはこのひとのくせだったように思います）。はたから見ますと、なかなかきどったポーズでした。

　ここで重要なのは、「じつに自由で、たのしそうに見えました」という表現である。冒頭にも述べたように、「新しい女」の象徴は自由に自転車を操作する女性像であった。そこには、おとなしく、シャイでありながらも智恵子の精一杯の自己表現がある。また先に触れたように、らいてうに禅宗の門を叩かせた木村政も自転車とバスケットボールの花形選手であった。二人の親近さからしても政から受けた自転車に関する情報がなかったとは云い難い。

かくして、らいてうの中には自転車のもたらす自由で解放的な感覚が残像として印象づけられた可能性が高いのである。

その日本女子大学校の自転車運動は、薙刀と共に教育体操として位置づけられていた。しかも創立当時、デルサート式体操を教授して体育にも関わった平野は自転車について、以下のように述べている。[*38]

> 現に學校又は寮舎に属する自轉車十有餘輌あり、女子の自轉車乗りに付きては、従来是非の世評紛々たりしが、客年の本校秋季運動會の折、之に熟達せる生徒数名が、楽隊の伴奏に調子を揃え、自由自在に而かも高尚に優美に、克く姿勢調へ、態度を乱さず、あるいは種々のマーチを演じ、あるいは毬拾ひの競争に妙技を現はしたるより、従来女子の自轉車乗りは亂暴なり無作法なりとの思い込み、之を賤しめる嫌ひたる人々も、實に自轉車乗りは高尚優美なる哉、之は決して女子の美徳を損するものにあらず、却って女子運動の一良策なりと思ふに至りぬ。

この表記から創立時の大学校には10数台の自転車があったことと、マーチに合わせた自転車による表現運動と自転車をポロに見立て毬拾いゲームがあったことが分かり、自転車の普及振りが理解できるばかりか、女性が自転車に乗ることに悪感情を持っていた者までが、優雅である表現運動に魅せられ、女子の運動として有効であると評したことや「辛口の新聞記者も批判しなくなった[*39]」ということから、女性の自転車容認の途が啓かれ始めたことが読み取れる。さらに、ここでも自転車操作を「自由自在に」と表現していることに注目したい。そこには、らいてうが智恵子の乗車の様に感じた解放の印象を重ねることができるのである。そもそも自転車は成瀬や女性教師達が督励していたものであり、明治37(1904)年の時点での体育会の自転車部には、[*40]大学、附属女学校を合わせると200名の部員がいたという。川本静子はS・ミッチェルの言説をもとに「自転車に乗る女は〈新しい女〉の別名である[*41]」と指摘しているので日本女子大学校には「新しい女」の予備軍がたくさんい

たことになる。

4）「新しい女」が創出された日本女子大学校の体育・スポーツ

　映画化され、日本人にも親しまれているジェイムズ・ヒルトンの小説「さよならチップス先生」に出てくるチップス先生の妻となったキャサリン・ブリッジはチップス先生の娘といっても良いぐらいの若い女性であったが、いわゆる「新しい女」であった。二人の出会いの場は登山であった。チップス先生がある山に登ると、上の方から若い女性の叫ぶ声が聞こえた。チップス先生はその声が救助を求める声と勘違いして救助に向かう。実はその声はチップス先生よりもさらに下にいた友人へ自分の居場所を示す声であったのだが、慌てて救助に向かったチップス先生は、救助するどころか自分の方が足を挫いてしまい、逆に助けを受けるといった具合に二人の馴れ初めが描写されている。チップス先生は男性像を思いやりは持っているが、騎士道精神の持ち主として保守的なイメージで捉えていた。一方、女性像は柔和で、内気で、上品な弱々しい存在として表象していた。従って、キャサリンのような自立した逞しい「新しい女」はチップス先生の女性像の範疇を超えた女性であったのである。キャサリンは、らいてうも影響を受けたイヴセンの「人形の家」を読んでいたし、大学で高等教育を受けるべきだと考えていた。さらに政治的にも関心をもち、バーナード・ショーやウィリアム・モリスの思想に共感していた。

　Hodder ＆ Stoughton 社発刊の "GOOD-BYE MR CHIPS" の 29 ページにある挿絵を見ると、叫んでいるキャサリンのスカート丈は明らかに短くて「新しい女」のスポーティな服装である。また、この小説には男女平等を唱える自転車に熱狂する「新しい女」のことが明記され、「新しい女」と登山、自転車、衣服の改変との関連深いことが読み取れる。[*42]

　日本女子大学校の体育は、ただ単に健康体力づくりのためではなかった。実践倫理と共に必修とされ、成瀬の教育理念である全人教育の中核を担うものであった。とりわけ成瀬は体育には自治の精神が培われることを期待して

いた。その集約した形態が運動会であり、運動クラブである体育会であった。つまり、それらは自学・自動・自行の理念を絞り込むための一種の装置でもあったのである。従って高良留美子、中嶌邦ら日本女子大学校の卒業生が青鞜社設立に多く関わったことから、成瀬、日本女子大学校の教育は、「新しい女」運動に影響を及ぼしたと考察しているように[*43][*44]、体育・スポーツにも、必修でもあったのだから同様のことが言えるのではないだろうか。勿論、青鞜社の活動は男性の様々な支援なしには成立しなかったのだが、確実に女性による女性のための自治的活動であった。同様に運動会・体育会も学生が中心の自治的活動であったのである。

らいてうは小さい時から遊び方において男女平等の思想を吐露していた。女学校時代には海賊組なるものを形成したりして社会に対する反骨振りを示している。日本女子大学校に入っても、学寮で規則違反をし、また学友の成瀬教ならぬ成瀬仁蔵崇拝に対しては一線を画している。そのらいてうであっても、成瀬を「魂の父」と呼んで尊敬もしていた。それは成瀬の「女性を人として」見なす思想に感銘を受けたからである。女性がスポーツを行うことに多くのバイアスのあった時代に、成瀬は積極的に女性の体育・スポーツを研究し、自ら実践して学生に披瀝している。日本女子大学校には体力・健康づくりのための体育の他に、当時の女子体育としては画期的な日本式バスケットボール、女子ベースボール、ホッケー、ゴルフ、自転車毬すくいなどのボールゲームが多用され、いわゆるスポーツ教育が行われていた。それらはレクリエーション的要素を色濃く包含した体育教育であった。スポーツの語源がそうであるように、楽しむことを是認する体育はイギリス、アメリカの女性がそうであったように自由・解放を育む可能性があったのである。その意味では日本女子大学校でスポーツ教育に触れた者は、スポーツを通して自由・開放を体感して「新しい女」になる要素を胚胎していたといわねばならならない。

●注および引用参考文献

* 1　川本静子『〈新しい女たち〉の世紀末』、みすず書房、1999 年、p186
* 2　平塚らいてう著作集編集委員会『平塚らいてう著作集第 1 巻』、大月書店、1984、p257
* 3　日本女子大学大学院文学研究科日本文学専攻　岩淵（倉田）研究室『「青鞜」と日本女子大学校同窓生【年譜】』2002、にある鬼頭七美著の「木村政」に関する年譜（p86）より。
* 4　平塚らいてう『わたくしの歩いた道』、新評論社、1955、p19
* 5　同上、p20
* 6　同上、p21
* 7　*2、pp349-354
* 8　*4、p31
* 9　*2、p362
* 10　同上、p355
* 11　平塚らいてう著作集編集委員会『平塚らいてう著作集第 5 巻』、大月書店、1984、pp168-169
* 12　同上、p171
* 13　*4、p30
* 14　*1、pp358-361
* 15　同上、p368
* 16　岸野雄三他編『近代体育スポーツ年表』、大修館、1973、p61
* 17　日本体育協会編『日本スポーツ百年』、1970 年、pp205-207
* 18　*16、p70
* 19　*2、p361
* 20　同上
* 21　平塚らいてう著作集編集委員会『平塚らいてう著作集第 7 巻』、大月書店、1984、p77
* 22　石橋武彦、佐藤友久共著『日本の体操』不昧堂書店、1971、pp139-141
* 23　馬場哲雄、石川悦子『日本女子大学の運動会史』、日本女子大学体育研究室、1982、p31 にあるように、明治 39（1906）年の第 6 回運動会の来賓とし

て井口は名を連ねている。井口の批判については拙著「日本女子大学の体育発展に貢献した人々（3）」、『日本女子大学紀要』、家政学部、第34号 1987、p186 を参照のこと。
*24　たとえばカドリールとは、スウェーデンの代表的なフォークダンスであり、従来はわが国には紹介されなかったとの説明がある（藤本祐次郎『フォークダンス』世界書院、1967、p12）。
*25　*4、P31
*26　同上
*27　*21、p372
*28　M・M生「我が校の体育」、『日本女子大學校學報』、第2号、1904、pp131-133
*29　松島光秋『高村智恵子　その若き日』、永田書房、1977、p29
*30　*2、p43
*31　鳴海正泰『テニス明治誌』、中央公論社、1980、p93
*32　同上、p20
*33　木下秀明『スポーツの近代日本史』、杏林書房、1970、pp48-49
*34　拙著「成瀬仁蔵とバスケットボール」、『日本女子大学紀要』、人間社会学部、第4号、1994、pp174-175
*35　*2、pp43-44
*36　*28、p35
*37　*21、p373
*38　平野はま「本校の體育状況一斑」、『日本女子人學校學報』、第1号、1903、p201
*39　*28、p136
*40　同上、p139
*41　*1、p1
*42　James Hilton, Good-BYE. Mr.Chips Hodder & Stoughton. 1934/1964
*43　高良留美子「成瀬仁蔵の女子教育思想と平塚らいてう」、新・フェミニズム批評の会編『青鞜を読む』、學芸書林、1998、p350
*44　中嶌邦「『青鞜』と日本女子大学校」、米田佐代子、池田恵美子（編）『「青

Ⅲ—8 「新しい女」平塚らいてうと日本女子大学校の体育・スポーツ 171

【著者略歴】
馬場哲雄（1948〜2013年）
1972年3月、日本体育大学体育学専攻科修了
1976年3月、東京教育大学大学院体育学研究科修士課程修了
2013年5月まで、日本女子大学人間社会学部教授
著書：『生涯スポーツのさまざま』（一橋出版、1996・4）、『介護と自分に役立つ運動技法』（青山社、2001・3）、『日本女子大学の運動会史』（共著、日本女子大学体育研究室、1982・7）、『室内でできる高齢者の体操』（共著、一橋出版、1996・4）他。

日本女子大学叢書15
近代女子高等教育機関における体育・スポーツの原風景
－成瀬仁蔵の思想と日本女子大学校に原型をもとめて－

発行日	2014年2月15日　初版第一刷
著　者	馬場哲雄
発行人	今井　肇
発行所	翰林書房
	〒101-0051 東京都千代田区神田神保町2-2
	電話　（03）6380-9601
	FAX　（03）6380-9602
	http://www.kanrin.co.jp/
	Eメール● Kanrin@nifty.com
装　釘	須藤康子＋島津デザイン事務所
印刷・製本	メデューム

落丁・乱丁本はお取替えいたします
Printed in Japan. © Tetuo Baba. 2014.
ISBN978-4-87737-364-1